电信网络诈骗
安全教育知识读本
大学生版

曹金璇　赵翔宇　裴　沛　杨　晶　高远晴　著

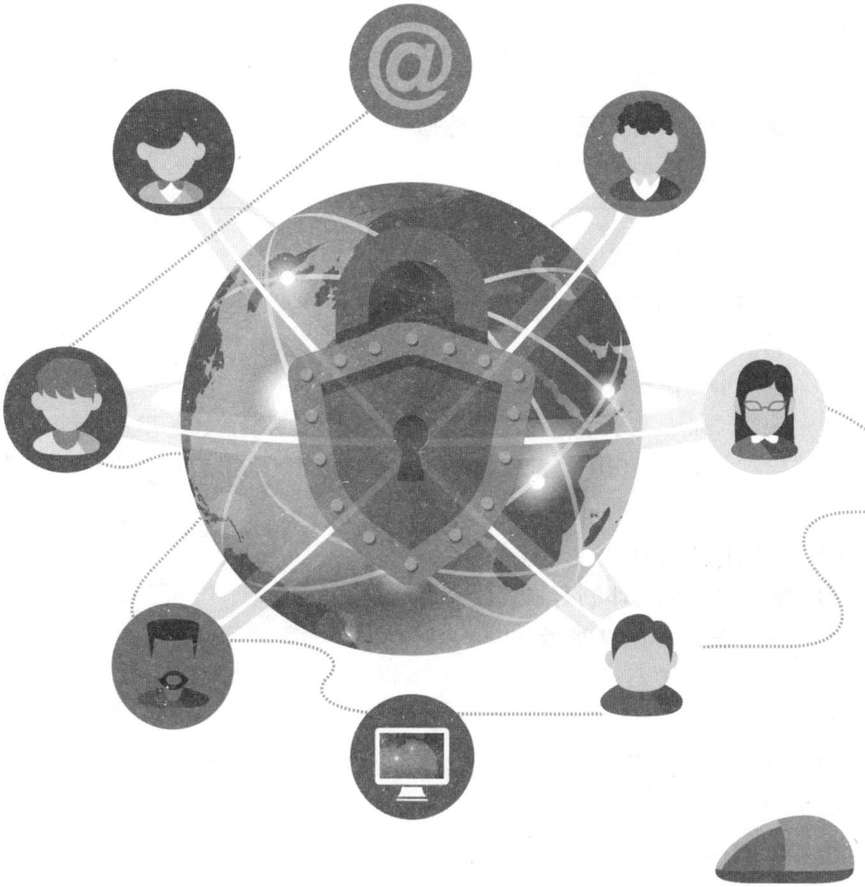

图书在版编目（CIP）数据

电信网络诈骗安全教育知识读本：大学生版 / 曹金璇等著．-- 北京：中国书籍出版社，2018.1
ISBN 978-7-5068-6730-6

Ⅰ．①电… Ⅱ．①曹… Ⅲ．①电信—诈骗—预防—中国—青年读物②互联网络—诈骗—预防—中国—青年读物 Ⅳ．① D924.33-49

中国版本图书馆 CIP 数据核字（2018）第 026514 号

电信网络诈骗安全教育知识读本：大学生版

曹金璇　等著

责任编辑 / 陈守卫　庞　元
责任印制 / 孙马飞　马　芝
封面设计 / 洪　坤　刘兰梅
出版发行 / 中国书籍出版社
地　　址：北京市丰台区三路居路 97 号（邮编：100073）
电　　话：（010）52257143（总编室）（010）52257140（发行部）
电子邮箱：eo@chinabp.com.cn
经　　销 / 全国新华书店
印　　刷 / 北京九天鸿程印刷有限责任公司
开　　本 / 787 毫米 ×1092 毫米　1/16
印　　张 / 10.75
字　　数 / 150 千字
版　　次 / 2018 年 8 月第 1 版　2021 年 7 月第 2 次印刷
书　　号 / ISBN 978-7-5068-6730-6
定　　价 / 38.00 元

前　言

近些年来，随着我国网信事业的蓬勃发展，电信网络诈骗也呈高发态势，犯罪手法层出不穷，令人防不胜防。电信网络诈骗造成的恶劣社会影响，给社会稳定和群众财产甚至生命安全都带来严重威胁，群众对此怨声载道、恨之入骨。如何有效防范、打击电信网络诈骗已成为公安机关的工作重点，更是难点。正确引导人民群众全面了解、认识电信网络诈骗的“本来面目”，并积极参与到反电信网络诈骗行列中，已经显得十分迫切。

2016 年 8 月 19 日晚，陈某某等犯罪嫌疑人以发放贫困学生助学金为名，诈骗山东省临沂市罗庄区学生徐玉玉上大学的费用 9900 元。徐玉玉发现被骗后，伤心欲绝，郁结于心，最终导致心脏骤停，虽经医院全力抢救，但仍没能挽回她 18 岁的生命。

2017 年 2 月 27 日，新华经参研究院和 360 互联网安全中心发布《关键企业保障网络安全的形势与挑战》报告。报告显示，有半数以上的电信网络诈骗案件与个人信息泄漏有关。

中国互联网协会发布的《中国网民权益保护调查报告 2016》也显示，网民在网购过程中，遭遇“个人信息泄漏”的占 51%，84% 因信息泄漏受到骚扰或造成金钱损失等，一年内因个人信息泄漏等遭受的经济损失高达 915 亿元。

电信诈骗案以每年 20% 到 30% 的速度增长，增幅远高于 GDP，2015 年至 2016 年，全国电信网络诈骗案件量呈上升趋势，2016 年较 2015 年同比上升 51.47%，电信网络诈骗案件被告人多为无业人员。电信网络诈骗案件中 48.59% 为电信诈骗，59.47% 为网络诈骗，其中 8.06% 的案件二者均涉及。在诈骗手段上，电信诈骗案件被告人通过打电话诈骗的占69.08%，通过群发短信诈骗的占38.64%，通过打电话和群发短信诈骗的占7.72%。短信诈骗案件被告人通过伪基站群发诈骗信息诈骗的占68.59%，网络诈骗案件被告人通过提供中奖号码或其他增加中奖几率实施诈骗的占47.71%，通过聊天软件实施诈骗的占33.62%。电信网络诈骗案件被告人通过发布虚假广告骗取受害人钱财的占42.73%，通过冒充熟人骗取受害人钱财的占29.52%。

电信诈骗猖獗的一个重要原因是犯罪成本低廉，但收益巨大。再者，案件起诉率和破案率相对较低。

在诈骗实施过程中，电信诈骗有两个步骤必不可少：一是利用电话或手机拨打诈骗电话或群发诈骗短信；二是要求受害人通过银行账户转账，并通过银行账户快速转移资金。这两个步骤往往是公安机关侦查案件的重要途径。就目前所侦破的电信诈骗案件来看，几乎没有犯罪分子会使用自己真实身份的电话号码和银行账户，他们利用电信企业和银行管理的漏洞，使用不记名的手机卡或银行卡，或者冒用他人身份获取的手机卡和银行卡。

电信网络诈骗与传统犯罪不同，它是一种非接触式的新型犯罪，因其诈骗手法多、蔓延速度快、波及范围广、受骗群众多，对公安机关传统侦查理念、侦查模式和破案机制带来巨大冲击和挑战，传统的方法已无法适应打击电信网络诈骗的需要。同时，电信网络诈骗大多是智能型犯罪，犯罪嫌疑人反侦查意识强，犯罪手段具有隐蔽性、技术性强的特征，这就给公安人员造成取证难、抓捕难、追赃难、打击难的问题。鉴于此，在全社会范围内加大预防电信网络诈骗宣传力度，已成为当前保护群众财产甚至生命安全的行之有效的解决方案。

目录

第一章 揭开大学生遭受电信网络诈骗的面纱

第二章 防范电信网络诈骗

第三章 参与电信网络诈骗斗争

第四章 知晓法律法规

第一章　揭开大学生遭受电信网络诈骗的面纱

2016 年 8 月 21 日，山东临沂 18 岁准大学生徐玉玉被骗走上大学的学费 9900 元，伤心欲绝，导致心脏骤停不幸离世。随后，8 月 23 日凌晨，来自山东省临沭县的大二学生宋振宁也在遭遇电信网络诈骗后，心脏骤停。他们的遭遇并非个案，近年来全国多地都曝出大学生被骗事件，引起极大的社会恐慌。

第一节　大学生电信网络使用现状

进入 21 世纪以来，中国电信网络发展十分迅猛，从当初只有个别人拥有计算机，到如今人人持有智能手机，也不过十几年的时间。大学生作为处在时代潮流前沿的群体，相比其他人群，接纳和尝试新鲜事物的能力是最强的。电信网络对于他们而言，早已成为生活中不可缺少的一部分。粗略估计，在校大学生中，百分之九十以上的学生都拥有一部个人电脑，而智能手机基本上是每人必备的。

一、大学生电脑使用现状

互联网的快速发展使得计算机基本成为了每一个人的标配，大学生群体更是如此。除了学习中需要使用电脑外，在生活中电脑也是不可或缺的一部分，尤其是利用电脑进行网页浏览、网上聊天、网络购物、网络游戏等。通过以往发生的诈骗案例看，网上聊天、网络购物、网络游戏等是电信网络诈骗的温床。电信网络诈骗人员往往利用大学生群体防范意识差、好奇心强、意志力薄弱等特点，专门针对他们进行网络诈骗。网聊、网购、网游，已经成为了电信网络诈骗的重灾区，离不开这些的大学生便成为了易受骗的对象。

二、大学生智能手机使用现状

智能化手机终端设备的不断发展，使手机网络成为传播知识和信息的新兴平台，而手机网民成为社会日益关注的新群体。其中，大学生手机用户的增长态势突出，成为手机网络使用的主力军。大学生手机网络的使用情况特征可归纳为“两高”：普及率高、依赖程度高。调查结果显示，手机网络已经深入大学生的各个群体。不同性别、不同年级和不同生源地学生使用手机网络相当普遍；农村学生和城镇学生只存在着使用时间长短的区别。并且，大学生对手机网络的心理依赖程度很高，手机网络已经成为他们生活中必不可少的组成部分。大学生手机网络的基本使用状况表现出与传统网络的差异性。首先，反映在上网地点上，从传统的宿舍、机房向教室、户外等更广阔的地域延伸，教室成为使用手机网络最为普遍的地方，尤其是现在的高校及公共场所都提供了 Wi-Fi；其次，手机网络时间已经超过传统网络使用时间，手机网络时间呈现碎片化、零散化的特征；第三，手机网络使用内容也比传统网络更丰富，不仅囊括了传统网络的各项内容，还新增了手机网络特有的内容，如即时通讯、即时个人动态发布、即时信息查询与检索等。同样，网聊、网购、网游等也都可以在智能手机上运行，QQ、微信、支付宝以及各种手机游戏也为电信网络诈骗提供了渠道，因此大学生群体在手机使用方面也易遭受电信网络诈骗。

通过对大学生电信网络使用现状的分析，我们不难发现，大学生群体已经成为电信网络诈骗分子的主要目标，大学生电信网络诈骗教育势在必行，只有加大电信网络诈骗预防教育，才能保证大学生群体的财产、人身安全不受侵害，才能保证大学生群体走上正确的人生道路，才能保证其形成一个正确的价值观、人生观。

大学生易遭受电信网络诈骗的原因

《人民日报》2016年3月24日一篇名为《记者调查新型电信网络诈骗：虚假客服“终年无休”》的报道：“说好‘点赞有奖’，结果隐私被套、‘中奖’扫码扫来病毒链接、‘免费’红包却是盗刷软件、总有些冒牌‘好友’急着要你充话费……围绕智能手机、社交软件的新型电信网络诈骗方式，正伴随着互联网的普及向更广阔的人群袭来。”在电信网络诈骗手段专业化、精准化、隐秘化的同时，诈骗的对象已不再定位于妇孺儿童、年老者，社会经验不足且有着生活费固定经济来源的大学生便成为新型电信网络诈骗的首选对象，尤其在各大高校开学之季电信网络诈骗更是猖獗。

通常来讲，作为接受高等教育的大学生，头脑灵活，思维活跃，理应不易让诈骗分子有机可乘，却为何还会不幸中招，甚至被骗走上万财产？不法分子频频盯上大学生，大学生成为遭受电信网络诈骗“重灾区”，原因可以从以下几个方面来分析。

一、大学生自身层面

1 学生思想单纯，社会阅历较少，自我保护意识和能力较差，容易受到引诱

大多大学生从小在父母的呵护下长大，缺乏社会阅历和实践经验，对新鲜事物充满好奇，因此极容易成为很多电信网络诈骗团伙的目标。缺少社会知识和一些防骗基本常识的大学生，面对诈骗分子层出不穷、花样翻新的手

段，很容易受害。诈骗分子投其所好，精准地掌握了受害者的心理需求，在行骗过程中每一步提出的要求都会让人感觉是合理的，比如说声称身份信息泄露，还会“煞有介事”地提醒你注意防诈骗，甚至让人觉得他们是在帮忙解决问题，从而引诱受害者一步步上钩。

2014 年 9 月，长沙市岳麓区一名 19 岁大学生熊某接到自称“新浪微博客服”的电话，称其在新浪微博中奖 6 万元，但需要交纳手续费和税款。熊某按照对方要求汇出 1.2 万元到对方指定账户，钱到账后对方电话立即关机，熊某方才发现被骗。

2 生活环境复杂，学生难免产生攀比心理，虚荣心重，大手大脚的消费观慢慢形成

看到身边的很多同学都有苹果手机，上海某高校研究生小李也想为自己添置一部。在网上搜索时他发现一家网站的数码产品卖得特别便宜，两部苹果手机只需 5700 元。心动之下，小李向对方汇去了 20% 的押金。次日转账付了余款后，对方又以各种理由先后几次让小李汇款并保证交易后立刻退还，还威胁他如果放弃交易，那么先前几笔钱都不会退还。为此小李陆续共汇去 1.75 万元。此时，对方又称由于小李汇款延误导致其他客户退订手机，所以要求小李买下另外两部手机共 6000 元。至此，小李才觉察到事情不太对劲，遂向警方报案。

随着时代的推移，人们的消费观念在不断改变，年轻的大学生更能很快地适应时代的改变，他们有着不同于社会其他消费群体的消费心理和行为：一方面，他们有着旺盛的消费需求；另一方面，尚未获得经济上的独立，消费观念的超前和消费实力的滞后，导致大学生急于在短时间内获得大收益，

一听到可以赚钱就相信，诈骗分子牢牢把握了这一点，结果大学生被骗的几率就很高。

3 学生或急于赚钱缓解家庭负担，或证明自己积累“工作”经验，求功心切

“高薪兼职”和“中奖通知”是大学生上当最多的两类电信网络诈骗。大学生们初入大学，拥有一定的个人财产，开始独立生活，诈骗分子利用部分大学生急于赚钱或积累工作经验的心理，一步步引诱大学生落入陷阱。有些家庭困难的学生，为求自力，试图通过兼职赚钱来缓解家里的负担。

8 月 21 日，李琳提前到校后，打算通过网络找一份兼职。在上网时，她在一个 QQ 群里看见一条兼职广告：“招聘饮品促销员，可专职或兼职，工作时间不限，要求吃苦耐劳，每天薪酬 150 元。”李琳抱着试一试的心态，添加了“招聘专员”的 QQ，对方告诉李琳，为了帮她节省到杨家坪面试的时间和路费，可以先通过QQ视频面试，通过后由主管进行电话面试即可。在顺利通过视频面试后，李琳拨打了“招聘专员”给的主管的电话进行了电话面试，主管李某告诉她为了防止其临时反悔耽误促销活动，需要交300元钾金和200元的面试费用，如果同意交费，8月24日就可以上班，工资日结。随后，“招聘专员”传来一份“外场员工入职信息表”，表格里除了要求填写姓名、电话、QQ号、学历等信息，还着重备注了“工资结算银行卡号”。按要求填写完“正规”的入职表，李琳放松了警惕，并按要求向对方转账500元。8月24日，本该上班的李琳却没有接到电话通知，当她再次联系“招聘专员”的QQ时发现已被拉黑，电话面试的号码也已经停机。她这才意识到被骗，随即向派出所报案。

二、院校层面

1　院校相关部门缺乏安全防范意识，对学生个体安全防范教育工作存在不足，安全教育机制不健全

随着学生数量的不断增加，院校工作人员的工作量越来越大，在对学生个体安全防范教育上存在薄弱环节，安全教育往往是在开例会、班会的时候强调一下，缺乏生动案例的现身说法，缺乏防范技能的专业教育。学生缺乏个体安全防范知识已成普遍现象，众多高校关注更多的是大学生专业知识的教育、就业能力的提升，而忽视对其安全知识、防骗技能、处世经验、心理健康等社会生存能力的培养。2016年8月29日，华龙网报道的《大学生被骗离世谁之殇》中提到：“为何这些被一再报道的骗术却依然能够成功，背后反映出也是教育的短板，为何学生们的防范意识如此淡泊、心理素质如此不过硬，究竟是骗子太猖狂了还是学生太脆弱了？”院校相关部门有必要对学

生开展安全防范、就业法律、政策等方面知识的培训，提前、充分告知学生谨慎处置个人信息的必要性，并进行相关能力和技巧的训练。比如，清华大学从2004年开始，就在职业规划课堂上加入了就业法律制度的内容，每年还逐一进行院系宣讲，为毕业生介绍就业政策和求职注意事项，同时常年为大学生提供相关的职业咨询以及就业政策解读服务。

2 院校对学生个人信息的监管缺少安全防范意识和有效措施，缺乏长效机制

互联网技术发展至今，个人信息在流动过程中的多个环节均以不同方式泄露。根据奇虎360在关于电信网络诈骗形势分析报告中提到，2016年8月，360手机卫士共为全国用户拦截各类骚扰电话34.3亿次，其中拦截诈骗电话4.45亿次。可见个人信息的泄露问题极其严重。猎豹移动安全专家提到，个人信息泄露严重的当属高校，其数据管理意识薄弱或数据库安全防范较弱，很容易泄露信息。这折射出学校和学生的安全防范意识欠缺，院校对学生个人信息监管无力，缺乏有效的防范措施。作为学生的教育培养单位，院校必须保护好学生的个人信息，不随意向他人提供，避免学生的个人信息泄露。与此同时，学校应尽快建立严谨的切实有效的学生信息监管机制，避免由于学生对学校相关工作事宜不清楚、对学校工作流程认识模糊，以致给诈骗犯罪分子可趁之机，冒充校方人员对学生实施诈骗。

三、社会层面

1 利益驱使，社会风气较浮躁，人们易形成投机取巧、不劳而获的心理

从社会心理学上讲，诈骗分子在市场经济的大潮冲击和诱惑下，产生好逸恶劳的心理，想不劳而获，通过投机取巧诈骗以获取财富。因为他们失衡的心理，最终导致他们错误的价值观念，他们认为干坏事可以快速致富，可以满足他们炫富和虚荣的心理，于是挖空心思想通过钻营不正当手段去获取他人的钱财，以达到不劳而获的效果，从而走向犯罪的深渊。

2 个人信息泄露严重，倒卖个人信息猖獗或成“黑产业链”

互联网技术发展至今，个人信息特别是身份证号、住址、电话等基本信息，在流动过程中的多个环节均会以不同方式泄露。如京东、淘宝等购物平台掌握客户网购订单，航空公司掌握航班机票信息，各种手机理财 APP 拥有个人金融账号……而这些网站防火墙一旦被黑客入侵，个人信息数据库将暴露无遗。更严重的是，这些掌握个人信息资产数据的互联网员工或是市面上的一些培训机构、电信运营商、银行、房产中介、保险公司、快递公司等企业的员工为谋取私利向违法机构和个人倒卖公民个人信息的现象且日益猖獗。经了解，目前倒卖个人信息已成为黑色产业链，不法分子可以轻易购买到特定人群的信息。在这个“黑链条”中，既有供给人员，也有促成交易的中间商，黑客或内鬼拿到最新泄露的信息后，会通过 QQ 群、论坛等途径倒卖给使用者；或经过掮客注水加工后，倒卖给下游的诈骗者或其他使用者，各环节自成一体，交易互不见面。

3 虚拟运营商用户实名制落实不严，号码实际归属地不明，监管措施不到位

工信部通过对虚拟运营商新入网电话用户实名登记工作进行暗访发现：所抽查的109个营销网点中，违规比例超三成，虚拟运营商品牌分享通信新入网用户及在网用户登记信息存在严重违法违规行为，170/171号段便是“重灾区”。以170/171号段为主要平台的虚拟运营商没有自己的通讯网络，而是从移动、联通和电信三家基础运营商那里承包部分通讯网络的使用权，通过自己设定的计费系统将通信服务卖给消费者，虚拟运营商将该号段的电话号码转包给大量代理商销售，代理商又分销给各网点，逐级分散消解了运营商的控制力。调查结果显示，这些虚拟运营商为开拓市场、拿到更多的码号资源，以“假激活”方式套取资源，入网时登记信息不一定是实际使用人信息，这在行内俗称“养卡”。

以徐玉玉接到的诈骗电话为例，即“171”开头的号码，在江苏、广东、福建、浙江、湖南、陕西等地，发生过多起涉及170/171号段的电信网络诈骗，号段在试点阶段管理措施不完善、销售渠道较多以及实名制难度大都给犯罪分子提供了可乘之机。

四、国家层面

1 法律滞后，电信网络诈骗并未独立成罪，惩处力度较轻

电信网络诈骗作为一种特殊的诈骗并未从刑法第266条分离出来，电信网络诈骗行为主要以普通诈骗罪定罪处罚，其立法和司法解释严重不足。但，电信网络诈骗与普通诈骗存在较大的不同，电信网络诈骗侵害的不仅仅是公

民的财产权，金融管理秩序、市场管理秩序、社会诚信体系、电信管理秩序都同时受到不同程度的影响，社会危害性极高，以传统诈骗罪对其定罪、量刑，难以对诈骗分子行为予以惩罚。同时，我国在程序法上也有不足，这导致电信网络诈骗犯罪取证难、定罪难、诈骗数额确定难，对其他一系列从犯惩罚较轻。当传统诈骗结合现代电信网络的时候，传统的各个击破打击手段远远不够。

为了更好地预防和惩治电信网络诈骗犯罪，2011 年 3 月 1 日，最高人民法院、最高人民检察院联合颁发了《关于办理诈骗刑事案件具体应用法律若干问题的解释》。其中阐述了：对电信网络诈骗的既遂问题的规定，与普通诈骗罪适用同样的标准；对短信诈骗、电话诈骗的未遂标准，但未规定其他种类的电信网络诈骗的标准；对电信网络诈骗的共同犯罪的规定。

2 个人信息保护制度不完备，进一步完善《个人信息保护法》

电信网络诈骗分子之所以能够准确地选中诈骗目标，使得诈骗活动得以成功的主要原因就是他们掌握了被骗人的详细个人信息，造成被害人放松警惕，听信诈骗分子的安排，最终导致生命财产的损失。倒卖个人信息已形成“黑色产业链”。倒卖用户数据的犯罪分子承认：“只要你听说过的学校，不论大学、中学、小学，（它们的数据）都有。”

目前，宪法、刑法以及《关于加强网络信息保护的决定》对公民个人信息保护都提供了重要的法律依据，然而，在查办案件的过程中，侵犯公民个人信息罪的定罪量刑标准不明确，不易把握。另有一些法律适用问题存在认识分歧，影响了案件办理。

中国人民大学副校长、民法专家王利明认为：“个人电子信息权是公民的基本人权，关系到公民的人格尊严和人身自由。立法保护公民个人信息具有重要意义。”同时考虑到个人信息的商业价值属于个人财产，打击买卖个人信息行为不仅有助于保护个人财产权益，还可以掐断其滥用的源头。相关法律的出台，能够为公民维权提供支持和帮助，能够在源头上对电信网络诈骗进行有效防范；相关法律的出台还能理顺电信运营商、银行等机构的责任，将有效地促使这些机构建立起完善、高效的电信网络诈骗防范机制。从国外经验看，加速相应法律的出台，不但能够有效地防范、打击、惩处电信网络诈骗，还能促进电信、互联网、银行、房地产等行业的健康发展。在我国大力推进信息产业、“互联网 +”的大背景下，以立法斩断电信网络诈骗黑色产业链已刻不容缓。

第三节 大学生遭受电信网络诈骗的种类和特征

一、大学生遭受电信网络诈骗的常见种类

由于社会对于个人信息保护意识不强，而大学生这个群体的个人信息更容易被集中收集，也就更容易造成个人信息的泄露，加之大学生群体社会经验不足、防骗教育缺失，更容易受到诈骗犯罪分子的引诱。公安部近年来每年都会针对在校学生和家长公布易发、高发电信网络诈骗的类型及特点，并发布安全提示，目的是增强学生及家长的防范意识，提高防骗识骗能力。下面介绍几种常见的大学生遭受电信网络诈骗类型。

1 网上办理证书或购买考试答案

诈骗分子会在网络论坛、贴吧等发布虚假广告，或者掌握学生的个人信息后，通过淘宝、微信、QQ 向学生群体群发网上办理四、六级英语考试证书，计算机等级证书，等级考试的考前和考中答案，以此引诱大学生。有些大学生为了顺利取得毕业证书，抱着试试看的态度与这些诈骗分子取得联系，诈骗分子一般会通过办理费、保密费、押金等借口要求上当的大学生支付钱财，又会告知已经上当受骗的学生们不能报警，如果报警就会追究学生的责任，可能会导致自己退学甚至被判刑。如果受害人没有选择求助或者报警，只能自己承担被骗的后果。

2 高考虚假招生诈骗

诈骗分子常伪造公文，利用家长对特长加分、艺考、军校招生以及自主招生政策的不了解，谎称有高校的“内部指标”或者“计划外指标”，只要出价合理就保证录取。考生及家长一定要高度警惕此类“分不够，钱来凑”的虚假招生骗局。

3 助学金、奖学金诈骗

诈骗分子冒充国家工作人员以发放助学金、奖学金的名义，要求学生提供银行卡卡号和密码，直接诱导学生到 ATM 机进行转账操作。如遇到发放助学金及奖学金的，请先向老师和当地教育部门咨询，千万不要擅自按照对方要求操作转账，以免上当受骗。

4 校园贷诈骗

诈骗分子谎称申请办理校园贷的学生需要缴纳数千元的保险金，诱骗学生多次转账汇款；又或者在大学校园内以给好处费为诱饵，让大学生提供自己的个人信息在网贷平台贷款或购买高档手机等，承诺所有贷款不用大学生偿还，事后还会给大学生几百元甚至数千元的现金作为好处费。然而一旦贷款成功，诈骗分子便卷款消失。初入高校的学生极容易陷入此类骗局。

5 网购退款诈骗

学生是网购的重要群体，诈骗分子非法获取网购买家信息后，以商品有问题为由，联系买家退款。退款过程中，诈骗分子利用被诈骗对象对网络借贷的陌生，诱使买家进入网络借贷平台，在诈骗分子的不断指引下，一步步从网贷平台上借出现金并转账给诈骗分子。

6 兼职刷单诈骗

诈骗分子冒充客服人员向被诈骗对象发送链接，声称点击其中链接，购

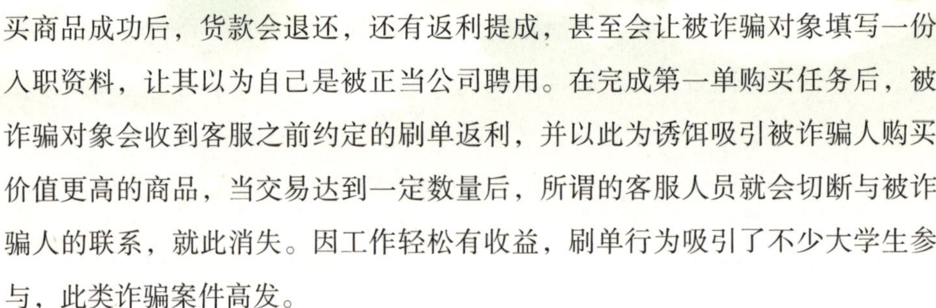

买商品成功后，货款会退还，还有返利提成，甚至会让被诈骗对象填写一份入职资料，让其以为自己是被正当公司聘用。在完成第一单购买任务后，被诈骗对象会收到客服之前约定的刷单返利，并以此为诱饵吸引被诈骗人购买价值更高的商品，当交易达到一定数量后，所谓的客服人员就会切断与被诈骗人的联系，就此消失。因工作轻松有收益，刷单行为吸引了不少大学生参与，此类诈骗案件高发。

二、大学生遭受电信网络诈骗的主要特点

近年来，我国电商、网络自媒体、互联网金融快速发展，已远远走在了世界前列，且应用规模异常庞大。但互联网大国并不等于互联网强国，行业的快速发展必然留下这样那样的隐患，也让我们面临许多前所未有的问题，电信网络诈骗就是其中的一个。特别是“互联网 +”时代的到来，意味着万事万物被吸纳进一张无形的“网”，在这个“网”中，一切事物都处于普遍联系的状态，在为人类社会带来无限发展动力的同时其部分漏洞也被诈骗者所利用。互联网过去更多地发挥着向世界各地的人们提供各种所需信息的作用，其主体间相互交流与合作的能力并不突出，因此电信网络诈骗还局限于有限的行业与范围之内。当进入“互联网 +”时代，互联网与传统行业相加激活了市场主体间的联系与合作，无孔不入的诈骗者“不失时机”地进行多种样式的诈骗行为，电信网络诈骗呈现出新的特点。

1 诈骗的目标和手段更有针对性

诈骗分子针对大学生实施电信网络诈骗时，往往更有针对性，由于大学生群体跟一般的群体不同，更熟悉电信互联网，在生活和学习中利用电信互联网也更多。传统的电信网络诈骗手段往往不容易使大学生上当受骗。

于是，诈骗分子会通过互联网“对症下药”，如针对没有考过英语等级考试的学生兜售答案或者办理四、六级成绩单；针对消费比较高的学生，诈骗分子以无抵押、快速放款的虚假宣传进行网络贷款进行诈骗；针对家庭条件比较一般的学生，诈骗分子冒充国家工作人员以发放助学金、奖学金的名义，骗取钱财。

2　诈骗团伙内部分工协作更精细

随着电信网络诈骗由“盲骗”到“精准”诈骗的转变，进行诈骗所需要的前期准备更为精细，工作量也更为巨大，单靠个人的能力是远远不够的，这便是滋生团伙分工协作式诈骗的温床。通过大量现实案例分析，诈骗团伙内部通常有以下几种分工。

（1）有专门人员通过互联网络使用QQ群、微信或某些网络交易平台进行大量个人信息数据的购买（个人信息多以学生为主）及虚假身份证、银行卡和手机卡的办理。

（2）获得详尽个人信息后，有专人负责通过手机、网络等方式主动联系并锁定目标，而后多人协作冒充相关领域或部门不同层级工作人员对特定目标进行配合式的诈骗，最终取得受害人的信任。

（3）成功骗取受害人进行汇款后，由特定人员负责取款、分赃并集中销毁银行卡等相关作案工具。

可见，诈骗团伙内部有着严密的分工协作，环环相扣，一步一步地打消受害人的疑虑和戒备，取得受害人的信任，最终成功骗取钱财后及时销毁证据，使得受害人难以获得有效证据信息追回骗款。

3　依托网络技术实施诈骗，手段呈现智能化

犯罪分子实施诈骗所使用的网址是花钱找专门技术人员制作的虚假网

站，该网站套用正规购物网站样式制作，个人电脑若不带有防范提示软件的浏览器或缺乏网络知识根本无法辨认真假，受害人很容易相信这是真正的购物或其他投资网站。网站内作案用的收款银行账号为犯罪分子通过网络购买的无关联人员开户的银行卡，将其挂靠在虚假网站上以备作案收款之用。犯罪分子日常只需在网站后台盯紧有无上当购物，发现后通过网络电子邮件、手机及 QQ 等聊天工具联系受害人，进而实施下一步诈骗。

4 资金流向更具复杂性，避开网络保护进行诈骗

由于大学生掌握更多、更快捷的支付方式，所以电信网络诈骗犯罪分子会选择更隐蔽、更便利分散赃款的方式骗取钱财，这样不仅使警方难以查明骗子的真实身份，也使追回赃款变得无从下手。

当下，支付宝转账、微信支付等已成为大众尤其是年轻人进行汇款、交易支付的首选。在各种支付软件、交易平台繁荣发展的背后，互联网交易安全保护措施一应俱全，无论是防黑客、防病毒软件，还是网络平台交易规则，基本可以实现金钱在网络上常规操作的零风险保障。例如，在某电商交易平台上买家支付货款后未收到货物前，所支付的货款由第三方进行保管，买家收货检验后可再次确认付款，此时货款便可即时到达卖家账户。如遇到卖家故意欺诈、不发货、以次充好等情况，买家可及时申请退款，此时货款返还买家账户。在如此铜墙铁壁的安全保障之下，网络诈骗者利用人们贪图便宜、侥幸心理、易受暗示和容易轻信麻痹的特点，精心设置骗局，通过看似合理、实则却经不起推敲的谎言来欺骗目标对象，绕过网络第三方的保护后实施诈骗行为。由于缺乏必要的安全保障，每当受害者幡然醒悟之后，诈骗者早已销毁证据逍遥法外。

第四节　电信网络诈骗对大学生群体的危害

当前，电信网络诈骗犯罪已经渗透到全国各地，受害者覆盖各个年龄段、各种职业。电信网络诈骗把罪恶的眼睛盯在每个受害人身上，不仅大肆骗取个人和企业的钱财，给其造成巨大经济损失，还严重影响了社会诚信，制造了无数个家庭悲剧。震惊全国的“徐玉玉事件”将电信网络诈骗这一社会公害推向了舆论的风口浪尖，电信网络诈骗受到了全社会的关注，而电信网络诈骗给社会带来的危害远不致此。对于大学生群体而言，在步入社会之前，经济来源大部分来自于父母，受骗后耻于向家人倾诉，由此造成内心巨大压力，更有甚者危及性命，所以说电信网络诈骗对大学生群体造成的危害更大。

一、电信网络诈骗严重侵害大学生群体财产安全、人身安全

在涉案金额上，传统盗窃抢劫案能抢几万元就算很多，但电信网络诈骗不同，动辄就是几百万、上千万元，诈骗金额触目惊心，受害人单日被骗最高的是 1.17 亿元。

此外，在电信网络诈骗案件中，由于大学生涉世未深，没有过强的抗压能力，受害者有时会出现精神疾病，甚至会出现跳楼自杀等损害生命的情况。具体数字虽然难以统计，但是我们可以想象自身的积蓄瞬间化为乌有，对于许多工薪阶层或者中老年人来说都是重大的打击，更何况在校的大学生群体。这样的打击往往还会导致受害者的生活积极性受挫，也会使其他群众对社会

产生失望、不满甚至不信任的情绪，成为社会不和谐的因素。

2016 年下半年相继发生多起电信网络诈骗犯罪致人死亡的事件。山东临沂的徐玉玉姑娘尸骨未寒，8 月 23 日，临沭县大二学生宋振宁也在遭遇电信网络诈骗后心脏骤停，不幸离世。一个个好端端的家庭，被带走了希望和未来，也让更多人深感震惊和不安。对一个普通人家来说，“养老钱”“救命钱”“上学钱”被骗，会造成倾家荡产，家破人亡。而对于一个学生来说，资金被骗，有可能造成整个精神世界的坍塌，从而失去生活的希望。

二、大学生群体学生易受诈骗引导误入歧途，影响社会稳定

电信网络诈骗受害者包括社会各个阶层，不管是涉世未深的准大学生，还是身为知识精英的名校教师，不管是普通民众，还是企业老板、公务员，各行各业各类人员都有可能成为电信网络诈骗的对象。电信网络诈骗社会影响面广，性质非常恶劣，已成为严重影响社会稳定的突出治安问题。

电信网络诈骗由于犯罪成本低、风险小、回报高、易得手，很容易被效仿和传播，形成犯罪“黑色产业链”，诈骗后果也越来越恶劣。电信网络诈骗不仅严重危害和威胁群众财产安全和合法权益，影响老百姓的安宁生活，更严重影响人们的安全感，扰乱了社会秩序，给国家安全和社会稳定带来极大隐患，已经发展到了触目惊心的地步。同时，电信网络诈骗的犯罪成功率高、打击成功率低，容易造成不少人是非混淆、荣辱不分，特别是对青少年产生负面影响，以致助长“有工不做、有田不种、有学不上、好逸恶劳、投机钻营、坑蒙拐骗”等不良社会风气。大学生群体易受不良风气的影响，走上违法犯罪的道路，这不仅是个人的悲哀，也是整个社会的悲哀。

三、电信网络诈骗导致严重信任危机，影响大学生群体的价值观

电信网络诈骗通过高科技手段，冒充受害人的亲朋好友，甚至假冒公检法等部门名义进行诈骗，让社会交往中的各个信任打个问号，甚至一度使得人人自危，警惕性和防范心理倍增。“提到公检法的电话一律挂掉”等防骗指南，影响了国家机关等一些部门正常工作的开展，误把红十字会电话当成诈骗电话，错过了救人性命的机会。不少人只要看到陌生号码来电就很警惕，要么不接，要么直接挂掉，等等。这些不仅造成部分群众对公检法部门等不满，损害了公共权力机关的公信力，而且由于电信网络诈骗削弱了社会基本信任，危害远远大于一般的诚信缺失。

电信网络诈骗破坏了社会诚信，严重影响了人与人之间的信赖关系，即便是父母子女或者朋友的电话，都需要打上一个问号。电信网络诈骗不仅给直接受害者带来财产甚至生命损失，也加剧了人与人之间的不信任，增加了社会运行成本。

大学生作为即将步入社会的群体，如果再此阶段养成对人不信任的习惯或被贴上不值得信任的标签，将会对其产生不良的影响，试想一个不信任别人的人又怎能获得别人的信任呢？一个人的价值观会在其参加工作后几年内形成，为了当代大学生群体能够形成一个正确的价值观、人生观，我们必须全力打击电信网络诈骗，保证学生群体的健康成长。

四、电信网络诈骗荼毒社会主义精神文明建设，严重背离社会主义核心价值观

随着全球化的发展和改革开放的深入，面对多元文化价值观的涌入，社会主义核心价值观为每一个中国人确立了行为标准、道德标杆。电信网络诈骗分子的行为，严重背离了社会主义核心价值观，违反了“爱国、敬业、诚信、友善”的公民基本道德规范。不法分子企图不劳而获，靠耍聪明、钻空子侵吞他人的合法财产，这种坐享其成、唯利是图的作风严重破坏了社会正风气。不法分子违反法律，钻漏洞，贪一时富贵，凌驾法律之上，严重破坏了国家法治。“富强、民主、文明、和谐”，是我国社会主义现代化国家的建设目标，而电信网络诈骗严重破坏社会和谐，荼毒社会主义精神文明建设。

第二章　防范电信网络诈骗

第一节　电信网络诈骗案件滋生的原因

大学生作为电信互联网行业的主力军，是接触电信互联网最多的一个群体，无论大学生毕业后是否从事电信互联网行业，都与电信互联网离不开关系，工作、生活、娱乐、购物、出行都与电信互联网息息相关。与此同时，电信网络诈骗也像病毒一样，通过互联网这个媒介迅速扩散到了大学生群体。

前些年，电信网络诈骗的对象主要是具有一定经济基础且与社会信息沟通不畅的老年人、家庭妇女或者文化水平较低、生活结构较为单一的农村人群等。但近年来，在现阶段国家大力发展电信网络产业的大背景下，电信网络诈骗案件不仅仅出现在老年人和文化水平较低的人群，在以高学历为代表的大学生群体中也集中爆发出来，尤其在网贷、网络直播、电子商务等新兴行业中，自身的主观因素和外界的客观因素交织在一起，往往让我们防不胜防。特别是现在大学生消费观念的逐步改变和国家金融行业的迅速发展，超前消费的理念使得没有独立经济来源的学生们可以支配自己未来的“薪水”，加之支付宝、微信等新的快速支付方式的广泛应用，大学生群体已然成为了电信诈骗犯罪滋生的新沃土。

当然，电信网络诈骗案件滋生的原因是多方面的，既有社会环境巨变、贫富差距加大方面的原因，也有个人文化、价值观差异方面的原因；既有国家制定相关法律的滞后，也有宣传力度不够的问题；既有电信网络企业快速

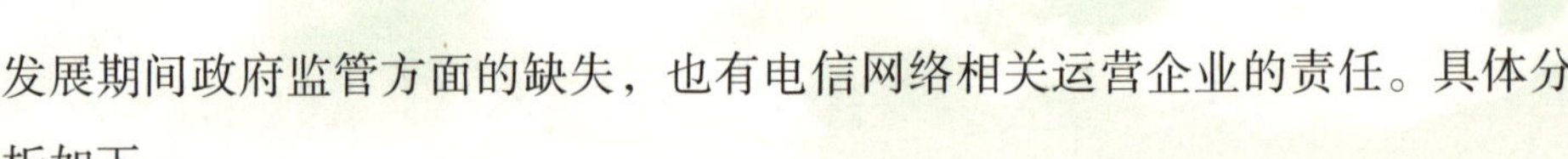

发展期间政府监管方面的缺失，也有电信网络相关运营企业的责任。具体分析如下。

一、社会背景

一是当今我国正处于经济高速发展阶段，特别是互联网行业的快速发展，催生了互联网行业与其他传统行业的结合，互联网金融就是在这种大背景下产生的。互联网金融（Internet Finance，ITFIN）不是互联网和金融业的简单结合，而是在实现安全、移动等网络技术水平上，被用户熟悉接受后为适应新的需求而产生的新模式及新业务，是传统金融行业与互联网技术相结合的新兴领域。

银监会停止针对大学生的银行信用卡业务，退出了大学生的信贷市场。这使得大量的P2P贷款、小贷等网络模式信用借贷平台层出不穷，电商资本涌入市场。依托于大数据和电子商务的发展，互联网金融在大学生群体迅速被接受，得到了快速增长。但这些便利在被时代未来的引领者所接受的同时，也变成了骗子施展非接触型诈骗的新温床，给一些传统的诈骗手段穿上了光鲜的外衣。

二是由于经济、技术发展不均衡，造成有的地区新技术发展得很快，认识到信息数据的重要性，信息已经转化为生产力；而有的地区还比较落后，信息不发达，对信息数据没有概念，没有防范的意识和能力。为此，一方利用信息的价值，以及信息技术手段，从事电信网络诈骗活动。

随着社会的快速发展、新兴行业的不断兴起、贫富差距不断变大，人们特别是以大学生为主的群体期待社会资源再次分配的愿望极其强烈，骗子会用巨大的经济利益来伪装，许给这些有梦想、有抱负的年轻人一张“大饼”，让“求富”变成了“谋富”，使他们放弃了勤劳踏实的信念，变成不切实际的财富追求者。

三是我国政治、经济体制改革处于推进期，电信网络产业高速发展，大量新型网络通信应用、金融模式层出不穷，供应商对其中的安全风险评估不准确，大量用户也无法辨识真伪。同时，与之配套的规章制度、管理规定、监管机制还不完善，为犯罪分子实施诈骗活动留下了空子，造成一部分人专门研究其中的漏洞，策划实施电信网络诈骗活动模式和手段，实施犯罪。

国家提出了好的政策，但配套设施却跟不上社会发展的速度。比如在现阶段，大学生就业压力十分大，房价、消费却不断上涨，许多大学生都在为找不到工作或者找不到好工作而苦恼。为解决这个问题，国家为应届毕业的大学生提供各项优惠的政策，鼓励大学生创业。但大多数大学生是不具备直接创业能力的，他们缺少的不是创业的想法，而是创业的方法；缺少的不是创业的动力，而是创业的能力。当大学生创业缺少方法和能力、感受到社会上的压力时，骗子们就会钻行业的空子、监管的空子，对刚刚步入社会的大学生创业者们实施沉重的打击。

二、政府对电信网络企业运营监管制度不完善

现阶段，我国信用体系尚不完善，互联网金融的相关法律还有待配套，互联网金融违约成本较低，容易诱发恶意骗贷、卷款跑路等风险问题。特别是 P2P 网贷平台由于准入门槛低和缺乏监管，成为不法分子从事非法集资和诈骗等犯罪活动的温床。近年来，已有众贷网、网赢天下、淘金贷、优易网、安泰卓越等 P2P 网贷平台破产或者停止服务；另一方面是网络安全风险突出，中国互联网安全问题、网络金融犯罪问题不容忽视。一旦遭遇黑客攻击，互

联网金融的正常运作会受到影响，危及消费者的资金安全和个人信息安全。

银行账户的登记信息、社保局的养老保险账户信息、医保局的医疗账户信息、公积金管理中心的公积金账户信息等受政府部门管理的个人信息更多、更全，政府部门对这些信息又是怎么管理和保护的？如管理不严，很容易给犯罪分子可乘之机。

三、电信网络运营商没有认真履行相关责任

电信网络运营商架设的电信网络就是电信网络诈骗的媒介和舞台，而电信网络运营商们强调技术局限性就是对电信网络诈骗的一种“放之任之”，也是电信网络诈骗案件滋生的重要原因之一。随着近些年国家对电信网络诈骗犯罪越来越重视，为从源头打击电信网络诈骗犯罪，多部门联合出台了多种针对电信网络诈骗犯罪的政策，电话实名制就是一项重要举措，但是仍有网络运营商投机取巧，不认真贯彻履行，导致用户信息泄露。

四、金融监管部门履职不力

加强金融监管对防范电信网络诈骗是十分重要的，因为电信网络诈骗终究是为了钱，需要有被害人的资金输入账户才能得手。我们都知道，切断犯罪团伙资金流，让他们无法获取受害人被骗资金，是遏制电信网络诈骗犯罪的有效途径。我国银行存款实名制已经实施多年，但电信网络诈骗的犯罪分子仍能将骗来的钱顺利取走，这就需要我们好好思考一下了。

金融监管要想切实履行好自己在电信网络犯罪的防范打击上的责任，需要从三方面着手：账户实名制管理、银行卡业务管理和转账管理。但在2016

年之前，银行业等金融部门由于诸多因素的限制，在账户实名制管理、银行卡业务管理和转账管理三个方面的管理技术明显落后于电信网络诈骗犯罪的发展速度，没有有效遏制电信网络诈骗犯罪的滋生和蔓延。

五、个人信息泄露

大量的个人信息泄露也是电信网络诈骗滋生的重要原因。骗子们要想在短时间内实施骗术并诈骗成功，离不开对公民个人信息的了解。在以往的电信网络诈骗犯罪中，诈骗团伙往往掌握大量的个人信息，包括姓名、年龄、身份证号、工作单位、家庭情况等。

这些信息是怎么泄露的呢？实际上，比如我们在校园里用手机积分兑换礼品，或扫二维码支付、兑换实物，去美容店办会员卡等，都有可能将个人信息泄露。

此外，互联网平台的应用，特别是近些年各式各样的手机 APP 应用，在注册使用或者安装使用的时候，平台都会通过获取权限来得到手机的相关信息，你会发现手机网页等 APP 推送的往往就是你最近关心和浏览过的信息，手机 APP 会筛选出对你相对有用的资源提供给你，你会觉得手机的智能确实给你带来了便利，智能手机更像一个私人“小秘书”了。但是当你的使用行为、浏览行为都被这个“小秘书”知道后，对你的信息了如指掌的它能不能保护好这些信息呢？这就应该打个问号了。

六、犯罪成本低，回报高，利益巨大

电信网络诈骗犯罪集团往往只是租一间房子，买几个电话机或者手机卡、主机、IP 分享器、话本等廉价的犯罪工具就能实施诈骗行为。这些诈骗集团成员的薪资采用“奖金”制度，按照扮演的角色、重要性的不同可抽比例不等的奖金，短短一个月就可诈骗上千万。巨大的利益也是电信网络诈骗屡禁不止，让这些犯罪分子铤而走险的原因。

七、破案难度大，破案成本高

1 获取证据难

电信网络诈骗和传统犯罪有很大的区别，不像普通的盗窃、抢劫、杀人有犯罪现场，有痕迹物证，有现场存在着的蛛丝马迹和线索，电信网络诈骗是远程的、非接触式的，你被骗了都没见过骗子长什么模样。犯罪分子和受害人确实不需要打照面，运用现代很发达的通信技术还有网银技术，在很短的时间内就可以完成作案。留给公安机关的确实有诈骗电话和涉案账户，但是这些电话和账户有一个共同特点就是全是假的，手机号码都是无记名的，这就增加了公安机关获取有效证据的难度。

2 线索追踪难

一些不记名的手机卡，或显示的座机号码大部分都是些网络虚拟电话，像铁通的一号通、网通 400，这些都是现代通信技术下面的一种高科技的虚拟电话。按说打电话应该有一个显示主叫号码，但是这种一号通和 400 电话都还有其他捆绑的号码，甚至还有一些任意显号软件可以显示出虚假的电话号码来，有的时候甚至可以显示出银行的电话、公安局的电话，实际上是虚假的，是由犯罪分子手动设置的，它既能蒙骗受害者又能逃避公安机关的打击。有的甚至通过境内、境外的服务商、服务器来层层转接。这样的“虚假链”

使线索追踪起来难度变大。

3 赃款追回难

经调查发现，不法分子在行骗过程中使用的银行账号和银行卡也是其花钱购买的。有的犯罪分子甚至可以搜集几百个账号专门卖给诈骗集团，到时候花几十块钱买一个身份证，开数百张银行卡。公安机关一追查，最后发现是一个普通人，而此人并没有作案，也是受害者。另外，犯罪分子设立了多级账户，通过银行快速层层转账，最后再在分布在全国各地的ATM机上提现。公安机关在办案过程中经常发现，有的时候犯罪分子诈骗几百万块钱后在几分钟的时间内就转移到各地，并很快就被人取走。

4 属地公安侦破难

单独一地的公安机关侦办一起这样的案件需要投入大量的警力、经费，要派出很多的专案组满世界跑，到处拿着法律手续找银行、找通信部门查电话、查账号，无论哪个环节出了一点差错都会影响侦查工作的进展。可以说，破获这种案件远远不是一般的业余人士和不了解的人所想象得那么简单。实际上，破获这样的案件，各个环节的工作都是非常繁琐的。

八、量刑较轻，惩罚力度较小

一是电信诈骗往往是一个有上下线的犯罪团伙实施的，公安机关抓获最多的往往是最底层的取款人员，而这些人员在整个犯罪链条中并不起主要作用，且诈骗具体数额也难以查清，犯罪量刑较轻，对于整个电信网络诈骗行为来说，并没有起到震慑打击的效果。

二是电信诈骗犯罪不是传统的诈骗犯罪，它涉及到侵犯公民个人信息，扰乱无线电通讯管理秩序，掩饰、隐瞒犯罪所得、犯罪所得收益等上下游关联犯罪。其中每一环在电信网络诈骗中都起着十分重要的作用，应全面惩处关联犯罪。

三是对实施电信网络诈骗犯罪的被告人裁量刑罚，在确定量刑起点、基准刑时，一般应就高选择。确定刑罚时，应当综合全案事实情节，准确把握从重、从轻量刑情节的调节幅度，保证与罪责刑相适应。对实施电信网络诈骗犯罪的被告人，应当严格控制适用缓刑的范围，严格掌握适用缓刑的条件，应当更加注重依法适用财产刑，加大经济上的惩罚力度，最大限度剥夺被告人再犯的能力。

九、电信网络诈骗防范宣传不够

在科技快速发展、媒体高度发达的今天，如果宣传还只是落实在纸面上、停止于口头上是远远不够的。宣传的主要目的是让容易上当受骗的群众提高警惕，不再受骗。电信网络诈骗防范宣传广度和深度不够，人群覆盖没有针对性，也没有连续性。真正需要宣传教育的人群往往没有接触到这方面的宣传，或者对现有的宣传内容及方式不“敏感”，都是我们面临的问题。

一是电信网络诈骗防范的宣传媒介不足，宣传持续性不够。媒体往往是在出现有群众影响力的诈骗事件时大肆报道，只是从社会热点的角度阐述和提出建议等，诈骗的防范宣传没有持续性，宣传会随着事件热度的消退而逐步淡化，并没有找到一个能持续引发关注的宣传方式。

二是电信网络诈骗防范的宣传对象没有针对性。宣传多以条幅或者传单形式进行，宣传的时间和范围有限，而且针对学生、老年人等易受骗人群的防诈骗报刊、读物太少，这些人群中很多人又很难通过网络媒体了解到电信网络诈骗防范的宣传，这也是电信诈骗在此类人群中持续高发的原因之一。

三是负责电信网络诈骗防范的部门单一，宣传的广度和深度不足。以往电信网络诈骗防范的宣传往往只有公安一个部门，宣传的广度和深度都不能有效防范电信诈骗犯罪。银行业、电信运营商、企事业等全社会相关部门没有形成宣传的合力。

大学生作为社会事件的快速反应群体和国家的未来，应该肩负起宣传防范电信网络诈骗的社会责任，成为正能量传播的一部分。特别是未来就业后，不仅可以以点带面，带动社会各行各业提高防范意识，还可以防微杜渐，防止一部分大学生误入歧途，成为电信网络诈骗产业的帮凶。

第二节 识别电信网络诈骗陷阱

一、认清电信网络诈骗的本质

电信网络诈骗作为最新的诈骗形式，具有发展蔓延快、骗局花样翻新快、有严格分工且主要犯罪分子一般在境外遥控指挥等特点。现在网络通信的快速发展，手机应用的方便快捷确实给我们的生活带来了便利，但是在便利快捷的背后，隐藏着巨大的利益链。这条利益链在给运营商们带来巨大财富的同时，也给不法分子留下了可乘之机。

电信网络诈骗的本质就是犯罪嫌疑人不与受害人直接见面，采用非接触的方式如电话、短信、微信，邮件等与受害人联系沟通，用虚构事实或者隐瞒真相的欺骗手段，取得受害人的信任，骗取受害人的钱财。其实不管骗子使用哄骗、恐吓、利诱等什么手段，骗子的最终目的都会归结到钱上，不管是援助机构的助学金、押金、手续费，还是招聘网站的介绍费、报名费、返利费、保证金，任何名目都要在钱上体现出来。

二、重视电信网络诈骗的产业化态势

随着社会的进步、信息产业的发展，电信网络诈骗也有向选择对象逐步精确化、形成网络上的诈骗产业链条、犯罪呈团伙作案三个方向发展的趋势。

近两年“广撒网”式诈骗手法已经落后，不法分子现在将诈骗对象明确到哪类人，甚至个人。诈骗手法也走高科技、网络化路线，有人专门购买信息，有人负责角色扮演，有人取赃款。

在市场需求和利益驱动下，一些不法分子打起了获取、兜售公民个人信息的歪主意。一些网络、电话销售、保险、贷款等公司的从业人员，把自己掌握的“个人信息资源”，卖给了不法分子。个人在浏览、登录网站，点击中奖信息，随便安装来路不明的软件等，不慎泄露了自己的信息。一条个人信息的售价从几毛到十几元不等。这些个人信息包括姓名、联系电话、家庭地址、职业、收入等。每条信息的价值是由其完整性和稀缺性决定的。稀缺又完整的个人信息会价值更高。

诈骗产业链上一般至少分为四大环节：信息获取、批发销售、实施诈骗、分赃销赃。信息获取，提供诈骗的关键素材，属于提供技术支持的环节，而且，他们通常不参与到具体诈骗实施，隐藏较深；批发销售，将个人信息转卖给诈骗团伙，有时候同时为多个诈骗团伙服务；实施诈骗，普通人接触到最多的环节，他们以公检法人员、熟人、领导、客服等虚假身份出现，拥有较强的公关、沟通能力；分赃销赃，诈骗一旦成功，就会进入分赃销赃阶段。有时候，团伙会安排小马仔去 ATM 机取款，再将赃款转给分赃中间人，由中间人分配给团伙人员。有时候，团伙会让财务会计师将赃款分散到多个网银账户上，增加警方破案和银行冻结账户的难度。

在这四大环节上，又有售卖银行卡贩子、电话卡贩子、身份证贩子、域名贩子；钓鱼网站编辑、木马开发、盗库黑客、钓鱼网站零售商、个人信息批发商、电话诈骗经理、短信群发代理、在线推广、财务会计、分赃中间人、ATM 取款马仔等十几个“工种”环环相扣。这些黑色链条上的环节，相互之间“神龙见首不见尾”，给案件侦破也造成了一定难度。

骗子的骗术越来越高超，大多时候不单单是一个人进行语言上欺骗，而是有角色地跟我们演起了戏。骗子集团不惜花钱从别处买来剧本，实施诈骗行为之前，骗子为了让受害人感到真实会排练很多次，从语言组织上、语气上、通话时间上、通话间隔时间上、角色性别上、口音上等进行练习，直到达到以假乱真的程度。

取款有专门取款的马仔，不管多大的金额的款项，他们都能从不同渠道快速分赃，从不同的地区短时间将被骗的款项取完。而且取款的马仔一般情况下都是通过电话单线联系，即使马仔被抓也很难发现其上线的真实身份和所在的真实位置。

三、认识电信网络诈骗手法

骗子会使用电话、微信、邮件等网络上的社交类通讯工具作为媒介和受害人联系，一般不会与受害人直接见面，这样即使被受害人发觉也可以很快脱身。如果能快速识别电信网络诈骗的手法，就能减少上当的机率，所以识别电信网络诈骗手法也是防范电信诈骗行为的一种有效手段。

我们最常见的电信网络诈骗的手段一般是“套近乎”“唬人”“呼死你（骚扰）”。骗子通常会通过拨打电话、发送包含虚假链接的短信、使用显号软件更改号码伪装自己，利用贷款、淘宝推广、补贴退税、售卖网络游戏中的账号和游戏币等理由进行诈骗。大学生“网络直播”骗局、以“黑户”为幌子吸引大学生贷款、冒用大学生身份贷款、以好处费为诱饵让大学生帮忙贷款是诈骗常见手法，或者冒充公检法人员、冒充军警、冒充熟人、冒充领导、冒充银行客服等身份，以中奖诈骗、绑架勒索、网络刷单，虚假二维码、虚假的手机 APP、代办信用卡等实施诈骗行为，达到骗取钱财的目的。

下面我们就列举近些年在大学生群体和社会群体中出现在电信网络诈骗案件中较为常见的几种类型和惯用的手法。

冒用大学生身份贷款

不法分子先通过各种关系取得学生及家长信任后，帮其成功办理大学生贷款，在获得大学生个人信息后，未经本人同意，继续以该大学生名义在网站多次办理大学生贷款。若被发现，就谎称贷款无需大学生本人偿还，自己会按期还贷，但随后销声匿迹。

冒充贷款大公司

不法分子在搜索引擎上散布大量虚假的“大学生创业贷款”相关信息，并承诺免抵押，待大学生搜索到该公司信息后，通过网络与其联系，伪造假的贷款合同书，并要求大学生缴纳数千元的保险金，待转账后间隔一段时间，继续以对方信誉不足等为由，多次要求受害者向其转账。

以好处费为诱饵让大学生帮忙贷款

社会上一些人员在大学校园内以“给好处费”为诱饵，让大学生以自己的名义在“分期乐”“名校贷”“优分期”“99分期”“人人分期”“拍来贷”等大学生网络贷款平台帮助其贷款，事后给大学生几百元至数千元不等现金作为“好处费”，并承诺所有贷款均由自己来还，与帮其贷款的大学生毫无关系。一但贷款成功，这些社会人员便人间蒸发。

以“黑户”为幌子吸引大学生贷款

谎称进行大学生分期贷款可以操作为“黑户”，成为银行内部的呆账，从而不用还款，利用这一漏洞赚钱。其主要方式是忽悠大学生分期贷款购买高端电子产品后再低价出售，套现后不法分子成功“分红”，事后贷款平台催大学生还款时，曾谎称可以操作为“黑户”不用还钱的虚假信息的“大忽悠”已不知去向。

冒充熟人进行诈骗

嫌疑人冒充受害人的熟人或领导，通过电话或其他通讯方式联系，当受害人报出一熟人姓名后即予承认，谎称将来看望受害人。隔日，再打电话编造因赌博、嫖娼、吸毒等被公安机关查获，或以出车祸、生病等急需用钱为由，向受害人借钱并告知汇款账户，达到诈骗目的。

利用虚假广告信息进行诈骗

犯罪嫌疑人以各种形式发送诱人的虚假广告，从事诈骗活动。

■ 冒充社保、医保、银行、电信等工作人员

以社保卡、医保卡、银行卡的消费、扣年费、密码泄露、有线电视欠费、电话欠费为名，宣称受害人信息泄露，被他人利用从事犯罪，为了给银行卡升级、验资证明清白，提供所谓的安全账户，引诱受害人将资金汇入犯罪嫌疑人指定的账户。

■ 冒充公检法、邮政工作人员

以法院有传票，邮包内有毒品，涉嫌犯罪、洗黑钱等，以传唤、逮捕、以及冻结受害人名下存款进行恐吓，以验资证明清白、提供安全账户进行验资，引诱受害人将资金汇入犯罪嫌疑人指定的账户。

■ 以销售廉价飞机票、火车票及违禁物品为诱饵进行诈骗

犯罪嫌疑人以出售廉价的走私车、飞机票、火车票及枪支弹药、迷魂药、窃听设备等违禁物品，利用人们贪图便宜和好奇的心理，引诱受害人打电话咨询，之后以交定金、托运费等进行诈骗。

■ 利用中大奖进行诈骗

方式主要分三种：①预先大批量印刷精美的虚假中奖刮刮卡，通过信件邮寄或雇人投递发送；②通过手机短信发送；③通过互联网发送。受害人一旦与犯罪嫌疑人联系兑奖，对方即以先汇“个人所得税”“公证费”“转账手续费”等理由要求受害人汇款，达到诈骗目的。

利用无抵押贷款进行诈骗

犯罪嫌疑人以"我公司在本市为资金短缺者提供贷款，月息3%，无需担保，请致电某某经理"行骗，一些大学生被无抵押贷款引诱上钩，被犯罪嫌疑人以预付利息等名义诈骗。

利用高薪招聘进行诈骗

犯罪嫌疑人通过群发信息，以高薪招聘"公关先生""特别陪护"等为幌子，称受害人已通过面试，要向指定账户汇入一定培训、服装等费用后即可上班。步步设套，骗取钱财。

利用银行卡消费进行诈骗

嫌疑人通过手机短信提醒手机用户，称该用户银行卡刚刚在某地（如某某百货、某某大酒店）刷卡消费多少元等，如有疑问，可致电某号码咨询，并提供相关的电话号码转接服务。在受害人回电后，犯罪嫌疑人假冒银行客户服务中心及公安局金融犯罪调查科的名义谎称该银行卡被复制盗用，利用受害人的恐慌心理，要求受害人到银行ATM机上进入英文界面的操作，进行所谓的升级、加密操作，逐步将受害人引入"转账陷阱"，将受害人银行卡内的款项汇入犯罪嫌疑人指定账户。

利用虚假彩票信息进行诈骗

犯罪嫌疑人以提供彩票内幕为名，采取骗取会员费的形式从事诈骗。

虚构绑架、出车祸诈骗

犯罪嫌疑人谎称受害人亲人被绑架或出车祸，并有一名同伙在旁边假装受害人亲人大声呼救，要求速汇赎金，受害人因惊慌失措而上当受骗。

冒充黑社会敲诈实施诈骗

不法分子冒充“黑社会”“杀手”等名义给手机用户打电话、发短信，以“替人寻仇、要打断你的腿、要你命”等威胁口气，使受害人感到害怕后，再提出“我看你人不错、讲义气、拿钱消灾”等迫使受害人向其指定的账号内汇款。

■ 利用虚假股票信息进行诈骗

犯罪嫌疑人以某证券公司名义通过互联网、电话、短信等方式散发虚假个股内幕信息及走势，甚至制作虚假网页，以提供资金炒股分红或代为炒股的名义，骗取股民将资金转入其账户实施诈骗。

■ QQ聊天冒充好友借款诈骗

犯罪嫌疑人通过种植木马等黑客手段，盗用他人QQ，事先就有意和QQ使用人进行视频聊天，获取使用人的视频信息，在实施诈骗时播放事先录制的使用人视频，以获取信任。分别给使用人的QQ好友发送请求借款信息，进行诈骗。

■ 虚构重金求子、婚介等诈骗

犯罪嫌疑人以张贴小广告、发短信、在小报刊等媒体刊登美女富婆招亲、重金求子、婚姻介绍等虚假信息，以交公证费、面试费、介绍费、买花篮等名义，让受害人向其提供的账户汇款，达到诈骗的目的。

■ 诱骗受害人安装所谓“犯罪通缉追查系统”“网上清查系统”“保护账户安全”等软件，以洗脱“犯罪嫌疑”

通过定制的Team Viewer远程操控软件，一旦按照骗子的指令下载使用，电脑就会沦为“肉鸡”，不法分子便可趁机劫持网银，远控电脑进行转账操作，达到诈骗的目的。

四、识别电信网络诈骗陷阱还需要自身保持正确的价值观和心态

“打铁更需自身硬”，外因是不断变化的，我们要提高自身的防范意识，提高自己识别电信网络诈骗的能力，因为国家相关政策制定再完善，也难以保证不会被狡猾的犯罪分子找到空子实施诈骗。保护好自己的个人信息，不要轻信电信网络上的信息，更不要有贪图小利的思想，遇到事情不紧张、不慌张，核实清楚再做决定，否则会让我们陷入更被动的境地。

为了打击电信网络诈骗，切实履行好银行在金融监管上的责任，央行出台了 ATM 机转账的新规定，央行的 ATM 转账新规正式实施，这在一定程度上能够降低被诈骗后的损失。可新规定实施没几天现在已经被骗子盯上了，在一些“与时俱进”的骗子手中，新规也成了诈骗的工具。

就在新规出台后几天就有媒体报道：某大学二年级的女生在自助柜员机取完钱正准备离开时，突然凑上来两名男性人员，向刚取完钱的女生问道：“同学你好，因我的卡今日取现额度已用完，我着急用钱，能不能帮个忙，我把钱转给你，然后你再取现金给我，我不会让你白帮忙，给你 100 块钱帮忙费。”这一幕被路过的银行工作人员看到后，立即上前询问详情并制止。因诈骗行径败露，两名男性人员立即转身离开。

根据银行新规，在 ATM 机上转账时，除同行同户名的卡，其他均在 24 小时后才能到账，且 24 小时内可撤销转账！不法分子以“先转账、再取现”骗取受害者信任，在拿到现金后，便会前往柜台撤销转账！这就要求我们及银行工作人员如发现类似情况，立即拨打 110 报警！

电信网络诈骗的防范方法

目前，对于反电信网络诈骗这项行动来说，“防”比“打”更加有效、更加切实，所以更加重要。如果人们了解了电信网络诈骗的本质，知晓了电信网络诈骗的手段，提高了电信网络诈骗的防范意识，与身边的朋友多沟通，电信网络诈骗就不会得逞。首先，电信网络诈骗的防范宣传针对人群更加广泛，受益群体更大；其次，电信网络诈骗防范在实施电信网络诈骗之前，使群众免于遭受不必要的损失，节省不必要的麻烦；最后，电信网络诈骗防范更具有主动性，其实受害人往往在被骗的瞬间也能感觉到自己被骗的事实，被骗与否往往就在受害人一念之间，加强群众的防范意识往往比后期被动追查、打击更有效果。

电信网络诈骗的防范方法有公检法机关的相关法律打击及其关联的违法犯罪防范，也有金融银行部门制定的相关制度防范和电信运营商的相关技术防范等。但电信网络诈骗的方法很多，我们不可能只依靠国家的相关部门和政策就能让电信网络诈骗行为不再发生，但是我们只要把握住防范要点，做好自身的心理防范，就能有效地避免上当受骗，简单说来就是三点：不轻信，不透露，不转账。

一、不轻信

不要轻信来历不明的电话和手机短信，不管不法分子使用什么花言巧语，都不要轻易相信，要及时挂断电话，不回复手机短信，不熟悉的无线网络不要接入，也尽量不要在公共场所使用支付宝等网络支付方式，不给不法分子进一步布设圈套的机会。

【案例1】支付宝转账诈骗

2016年，权某考上了心仪的大学。由于家庭条件一般，入学的第一年，权某就从网上接一些刷单的任务挣钱。某天下午，权某在一个刷单的语音平台上找到一个任务，有人发布了刷单任务，权某加了对方的QQ号，和对方说好后，对方让权某在淘宝上搜索男士短袖，找到他说的商品后购买了一件89元的男士短袖，买过后对方给权某返来了397元，按之前说的对方应该给权某返97元，所以权某又用支付宝给对方退回去300元。退回钱后对方让权某帮个忙，对方称自己支付宝上没钱了，给权某发了个截图，截图上显示对方给权某银行卡上转了800元，让权某用支付宝给他支付宝转800元，权某给他转过后，对方又给权某发过来截图，显示给权某网银上转了1000元，权某又给对方支付宝上转了1000元。转完后权某发现自己银行卡上的钱没有到账，并且对方把自己删了。

【案例2】蚂蚁花呗套现二维码诈骗

大学生王某沉迷于网络游戏，在游戏中冲点卡、买装备花费了很多钱。2017年某天，王某为了买游戏中的一个道具，找到了淘宝上的一个店铺，店铺名是专业点卡销售100年，王某和店铺的客服聊天，对方说可以用“蚂蚁花呗”套现购买，然后对方让王某加QQ，王某加了对方后聊了套现的相关事宜，对方给了王某一个1998元的二维码让王某扫描，王某扫描支付过后对方就把王某拉黑了。

【分析】

首先骗子利用“轻松挣钱”作诱饵，易受骗人群也多是家庭条件一般的大学生，他们没有固定的收入来源，因为都是在校学生，希望以兼职的形式挣钱减轻家庭的负担或者满足自己的消费。骗子给这些学生提供假公司备案信息，以骗取信任，随后伪造后台交易记录，打消学生的疑惑。刚开始让学生做简单任务并迅速返款以消除戒备心，最后他们会以下单为由拒给学生返款。

随着社会的发展、生活节奏的加快，安全快捷的支付方式越来越得到人们的认可，二维码技术也就应运而生。二维条码具有储存量大、保密性高、追踪性高、抗损性强、备援性大、成本便宜等特性，这些特性特别适用于表单、安全保密、追踪、证照、存货盘点、资料备援等方面。伴随着智能手机的发展，二维码技术也应用到餐厅、手机购物、电子优惠券、二维码印章等。支付的便利给骗子行骗也带来了便利，因为支付的便捷，可能受害人只是在手机上轻轻地一点，钱财就被骗子骗走了，留给人们思考的时间越来越少，在人们还没有意识到上当的时候，往往骗子已经把我们口袋里的钱骗走了。

到底什么是二维码知识？它又是怎么把钱骗走的呢？二维码又称 QR Code，QR 全称 Quick Response，是一个近几年来移动设备上超流行的一种编码方式，它比传统的 Bar Code 条形码能存更多的信息，也能表示更多的数据类型。2016 年 8 月 3 日，支付清算协会向支付机构下发《条码支付业务规范》（征求意见稿），意见稿中明确指出支付机构开展条码业务需要遵循的安全标准。这是央行在 2014 年叫停二维码支付以后首次官方承认二维码支付地位。

二维码具有信息获取（名片、地图、Wi-Fi 密码、资料）、网站跳转（跳转到微博、手机网站、网站）、广告推送（用户扫码，直接浏览商家推送的视频、音频广告）、手机电商（用户扫码，手机直接购物下单）、防伪溯源（用户扫码，即可查看生产地，同时后台可以获取最终消费地）、优惠促销（用户扫码，下载电子优惠券、抽奖）、会员管理（用户手机上获取电子会员信息、VIP 服务）、手机支付（扫描商品二维码，通过银行或第三方支付提供的手机端通道完成支付）的功能。

优点

（1）高密度编码，信息容量大。（2）编码范围广。（3）容错能力强，具有纠错功能。（4）译码可靠性高。（5）可引入加密措施。（6）成本低，易制作，持久耐用。

缺点

二维码技术成为手机病毒、钓鱼网站传播的新渠道。扫描二维码有时候会刷出一条链接，提示下载软件，而有的软件可能藏有病毒。其中一部分病毒下载安装后会对手机、平板电脑造成影响；还有部分病毒则是犯罪分子伪装成应用的吸费木马，一旦下载就会导致手机自动发送信息并扣取大量话费。

防范方法

首先，刷单本身就属于一种欺骗行为，大学生们在选择兼职的时候应着眼于对自己长期发展有帮助的，切不可贪图小利而落入骗子的圈套。在选择网上兼职工作时，一定要理智，不要被骗子提出的所谓高额回报所迷惑，切记贪小便宜吃大亏的道理。

其次，要提高防范意识，扫描前先判断二维码发布来源是否权威可信，一般来说，正规的报纸、杂志，以及知名商场的海报上提供的二维码是安全的，但在网站上发布的不知来源的二维码需要引起警惕。应该选用专业的加入了监测功能的扫码工具，扫到可疑网址时，会有安全提醒。如果通过二维码来安装软件，安装好以后，最好先用杀毒软件扫描一遍再打开。其实绝大部分的恶意二维码都很难直接扣除手机费，而是通过引诱人们安装程序来实施诈骗。一定要认真阅读手机给出的安装提示。不要为了图方便就一路 OK 到底。（扫描下面二维码试试？）

【案例 3】大学生陷“网络直播”骗局

2017 年 4 月，某高校学生小程收到“某国内大型网络互动直播平台”发来的私信，称只要给直播间某主播挂机顶人气就可以轻松挣钱。小程心想，反正大多数时间都在上网，何不利用这些时间玩着赚钱。于是按照对方要求，先交 98 元注册了一个基础账号，再给对方转账 800 元，买 400 个“水军”账号，连同系统赠送的 200 个“水军”账号，用于给主播顶人气，接着登录网页进行操作，系统提示顶人气的同时会计时，按购买的任务和时间长短返还酬劳，于是小程又转账1280元做任务，随后又以激活资金为由，诱骗小程继续转账。眼见转账金额越来越大，小程开始怀疑对方身份，想要退出，对方却以放弃任务没有计时不能领取当日工资为由，拒绝小程的退款要求。小程这才意识到被骗，立即打电话报警。

【分析】

利用学生“反正大多数时间都在上网，何不利用这些时间玩着赚钱”的心理，以时下比较活跃的“直播间某主播挂机顶人气”为由，设下圈套让学生上当受骗。

防范方法

在进行网游、网购和网赚的时候，切不可轻信网页弹出的诱人广告和不明链接，不要轻易向陌生人透露身份证号、手机号、银行卡号、支付账户及密码等隐私信息，也不要随意扫码，以免遭遇诈骗和钓鱼链接。对于主动“打赏”给主播这类事情也需要提高警惕，在直播平台主动送礼物给主播的，期间如并未发生任何诈骗行为，公安机关不能受理案件。

【案例4】网上办理英语、计算机等级证书诈骗

2017年5月，已经是大四的学生贾某一直没有通过英语的四级考试，眼

看就要毕业找工作的他心急如焚。某天，他在上网时在贴吧看见一个可以办理英语四、六级等级证书的帖子，贾某就跟这个帖子上留的电话联系上了。对方称可以办证而且在网上可查，并要求贾某交纳操作费、办证费、邮寄费等各项费用 5000 元。贾某觉得只要能办成证多花一点钱也可以接受，双方协商后，贾某先交了 2000 块钱的定金。过了一天，对方又说他如果再加 1000 块钱的话可以再帮其办理一张计算机二级的证书，这张证书单独办理的话需要 3000 块。贾某考虑过后同意办理，又给对方转了 1000 块钱。结果贾某转过账后，就再也联系不上对方了。

【分析】

骗子抓住部分学生急于得到相关证书等心理，通过网上贴吧、论坛等渠道以办理各种合格证书为理由，向学生们行骗。

防范方法

不要轻易相信网络信息，非正规网站的信息可信度不高；不轻易相信办理各类证书的信息，如需要合格证书，请端正态度，参加国家相关考试。

【案例 5】盗用 QQ 或其他社交账号

2017 年某天，杜某发现自己的 QQ 异地登录了，对方是用手机登录的，不显示 IP 地址，并且对方给自己的所有好友都发了信息，内容是说我朋友有急事要用钱，让对方打 1800 块钱到他说的微信上。杜某有两个朋友给对方回信息了，对方给杜某的朋友发了一张假的图片，显示钱打到杜某朋友的号上了，还说因为有延迟得等会才能收到，杜某的两个朋友每个人给对方所提供的号上打了 800 元。

【分析】

嫌疑人盗取受害人的社交账号，通过社交账号向受害人的关系人发送信息，用受害人常用的网络虚拟身份向别人进行诈骗，因为是自己平时熟悉的社交账号发来的消息，受害人朋友也就轻信了信息，没有核实对方的真实身份。骗子利用盗取的账号对该账号内不特定的人发送消息，且不与账号中的朋友过多地聊天，避免让朋友发觉自己的虚假身份，抓住为朋友解决燃眉之急的心理实施诈骗行为。

防范方法

首先保护好自身的账号信息，不打开有隐患的网址链接，不下载非正规渠道的软件，不浏览明显带有引诱性质的网站，避免自己的电脑中病毒。自身的账号不要轻易借给他人使用，在公用电脑上登录个人账号时要注意打开安全登录，要注意电脑应用进程中是否有可疑的程序运行，不要点击“自动登录”，公用电脑使用结束后要及时退出自己的账号，必要时选择删除自己账号的登录记录和个人信息。对于需要帮助的朋友信息，一定要打电话或者通过别的渠道联系上朋友本人，核实用虚拟账号人员的身份，跟朋友确认事情的真实性，万不能因为着急就不去核实，也不能为了面子就不去落实。

二、不透露

巩固自己的心理防线，不要因贪小利而受不法分子诱惑短信的蒙骗。无论什么情况，都不向对方透露自己及家人的身份信息、存款、银行卡等情况。如有疑问，可拨打 110 求助咨询，或向亲戚、朋友、同事核实。

【案例1】诱骗大学生帮忙贷款、教育、消费诈骗

2016年，在湖南上大学的唐某看见有人在学校的广场上宣传学生信用贷款，唐某就留了自己的联系方式给他们。过了几天，一个工作人员称自己为了完成公司分配的任务可以提供校园贷，承诺首次可以免费领取2000元，后期贷款利率减半，但需要提供其身份信息和头像照片等。唐某信以为真，就将自己的身份信息告诉了这个工作人员并配合这个工作人员的要求拍了几张照片发了过去，这个工作人员随后转账给他2000元人民币。过了一段时间，"分期乐""名校贷""优分期""99分期""人人分期""拍来贷"等多家大学生网络贷款平台给他打电话或者发短信催其偿还贷款，唐某这时候才知道自己的信息被骗子利用，而此时，这个工作人员也已经联系不上了。

【分析】

骗子利用唐某贪图小利的心理，使用“好处费”来诱骗学生上当，由于大学生社会经验不足，法律意识淡薄，在金钱诱惑下难以自持，加上骗子的蛊惑，不知不觉地走进陷阱。骗子选择在广场这种人流量多、社会关系复杂的地方，针对大学生这一群体进行诈骗。

对于大学生来说，向网络贷款平台伸手借钱的行为也是饮鸩止渴。网络媒体的虚假宣传、大学生们的超前消费和虚荣心理、社会上的拜金享乐主义都是大学生进行网络贷款的动机，而这些网络贷款平台又十分混乱，国家层面又存在征信体系的缺失，大学生网络信贷平台行业充斥着野蛮生长、无序扩张、虚假宣传、高利贷陷阱等乱象，没有统一、严格的行业标准和监管标准，对大学生的贷款基本没有审核，借款限额一般都超过大学生的还款能力，最后都要父母去买单，而且偿还利息和手续费都很高。因为通常无抵押，这些平台催偿还款往往伴随着骚扰、恐吓、公布裸照等违法行为，已经成为校园内的不稳定因素之一。

防范方法

大学生们应提高个人信息的自我保护意识，涉及到金钱、个人信息的事情要提高警惕。不能因为眼前的利益因小失大，特别是在并不了解对方的情况下，不要轻易使用自己的个人信息替别人贷款。而且贷款是用自身的社会信用借钱，个人信用虽然不能直接消费，但也是我们的资产，千万不要随便透支自己的信用。

【案例 2】冒充公检法人员诈骗

2017 年某天，钱某接到一个号码为 0012*** 的电话，对方说钱某在上海有张信用卡因为欠费，要把钱某的全部资产冻结，钱某说在上海没卡，对方说帮钱某转接上海市松江区公安局经侦支队，然后钱某拨114查询，查询后号码是021577***，一会009695***的号码给钱某打过来电话，说钱某牵涉到一起案件里了，还给了钱某一个网址：1105***.com，钱某进入网址看了下，竟是自己的网上通缉令，有自己个人信息和护照。之后对方说要对钱某的财产进行清查，问钱某有多少钱，钱某回答说一共有15000元，对方让钱某把钱全取出来，到自动取款机打款。钱某把银行里15000元全取出来，到当地某银行自动取款机，按对方所说的操作，把15000元打到了对方的卡上。

【分析】

从上述案例看出，受害人往往在被骗后短时间内都能发现骗局本身。说明我们如果被骗时有一定的防范意识或者有一定的思考时间就能拆穿骗局，但是骗子就是在人们还在犹豫期间一直拨打电话干扰受害人，使受害人在紧张害怕的心理状态下来不及思考。有的受害人已经有了一定的防范意识，比如查询所称单位的电话号码，但没有进一步核实就再次陷入骗子的骗局中来，一旦进入了骗子的节奏，再想从骗局中脱离就困难了。

防范方法

公检法机关对任何一起案件所涉及的款项的保全、扣押、收缴、追缴都需出具正式的法律文书，不出具法律文书的财产处置都是不合法的。平时我们应多关注法制读物、刊物，多看看法制类的节目，了解基本的法律知识和公检法机关基本的办案程序，接到类似电话一定要问清办案单位和办案人员的信息，通过正规渠道对案件情况、办案单位、办案人员进行核实，核实清楚后再做判断。骗子通过非法渠道获取的个人信息稍加伪装就变成欺骗的工具，平时一定要保护好自己及其家人的个人信息，即使对方提供的信息都对也要冷静判断，没必要为没有做过的事情感到恐慌，遇到自己不确信或者核实不了的情况时，可咨询当地的公检法机关，骗局自然不攻自破。

【案例3】冒充熟人、领导诈骗

2016年某天下午，张某在宿舍玩手机，一个人通过QQ号加其为好友，张某以为该人是之前认识的一个朋友国某，便在QQ里和对方聊了一会儿，对方说出海在船上没有信号，让张某替其缴纳护照和船员证的费用，并让张某跟一个海南的手机号联系。张某打通电话后，对方称需要费用12800元，张某说手里只有2800元，对方说可以先缴纳一部分，并发过来一个招商银行的卡号，张某通过支付宝向这个卡号转过去2800元后，感觉不对劲，询问国某的妹妹，国某的妹妹说国某根本没有出海，张某发现自己上当受骗。

【案例 4】交纳各种费用诈骗

2016 年 3 月份的某天，李某接到一个陌生电话，对方称是中央电视台国宝栏目组工作人员刘某，让其购买一套 1380 元猴年银币就能成为会员。几天后，对方又打电话称能给其办一个文化部文化代表，需要交纳手续费 40000 元，李某说自己没有那么多钱就不办了。几分钟后，李某又接到一个电话，对方称是财政部的高部长，说能减免 10000 元，李某说自己没有那么钱，没有交纳这个费用。过了几天，对方又打来电话，称文化代表的名额已经不多了，如果不抓紧办理可能就没有名额了，问李某还考虑不考虑，并称如果李某真想办理的话就特事特办，可以先行交纳 15000 元，后期的费用可以在办理好文化代表以后支付。李某听后不想错过这个机会，就将 15000 手续费转入了对方提供的账号，几天后李某电话跟对方联系时，对方称他的文化代表名额已经报上去了，等待审批，文化代表需要集中培训，还需要交纳培训费用 9000 元，李某这时候觉得自己上当了，随后向中央电视台的工作人员拨打电话进行询问，电视台的工作人员称根本没有这样的事情，李某才确认自己上当受骗了。

【分析】

这与上述的盗用 QQ 号实施诈骗的案例类似，盗用账号的骗子往往不过多地与账号中的朋友聊天，而是采取“广撒网”不特定的方式给账号内的每个朋友都转发诈骗消息。而此案例中骗子并不掌握我们熟悉人员的账号，而是通过陌生账号和我们聊天时让我们产生与熟人聊天的感觉，让我们把对方当成某个人或者某些人。当我们与陌生人聊天、做事时，我们思想上会产生自我保护的潜意识，这种潜意识会让我们产生警戒心，会让我们聊天、做事时更加谨慎。当我们和熟人聊天、做事时，我们会因为熟悉对方而放下警戒心，相对于陌生人更有亲近感。特别是相熟的朋友、亲人遇到困难、着急的事情时，会让人们放下戒心，尽力援手。骗子正是抓住人们这个心理，强调事情的严重性、紧迫性，给受害人心理造成压力，即使有时想去核实情况也会碍于时间、面子而放弃，从而受骗。

冒充领导正是因为社会上一些人相信“有领导好办事”的思想。相信领导手里的某些“特权”能帮助自己得到便宜，骗子会让受害人觉得这是领导特殊“照顾”自己，自己和别人不一样，自己是幸运的、得到垂青的。受害人在得到地位上或者名誉上的“满足感”“成就感”时降低戒心，使骗子达到欺骗受害人钱财的目的。

防范方法

识破这种骗局首先要明确网络身份和真实身份是有区别的，不能因为感情因素就对网络身份有强烈的代入感，特别是遇到重要、着急的事情时更要弄清事情的始末，万不能不问前因后果就给予钱财上的帮助。遇到此类情况时，我们可以通过其他途径联系到本人或者本人的近亲属询问情况，对方如果是微信、QQ 联系你的，你就可以通过电话或者见面等其他途径核实情况，不要把多问一句当作没面子，要把多问一句当作关心朋友，这样就很容易能识破骗子设下的骗局了。

做事情不要相信领导熟人好办事，在社会信息越来越透明、规章制度越来越完善的时代，越来越多的人不会为某件事“开后门”。对人们正常办理的业务和合理诉求，都能通过公开、透明的渠道进行办理。我们也不要相信“内部名额”“特事特办”，更不能有“给钱能办事”的思想。

【案例 5】虚假中奖类诈骗

2016 年，王某的妻子金某接到 155*** 的陌生短息称：金某的手机号码被《奔跑吧，兄弟》栏目抽中获奖，奖品为现金 16 万元及苹果电脑一部，需进入 zxxm61.com 网站办理。金某信以为真，便与其丈夫王某联系，让王某向 *** 的支付宝账户转账 5000 元钱手续费。王某接到妻子金某亲自打来的电话，开始也没有多想，按照金某要求打款。但是过了一会，王某又接到妻子金某的电话，让其继续打款 3500 元，王某感觉不对，遂报警。

【分析及防范方法】

不要抱有“天上掉馅饼”的思想，就像笑话书里讲的，如果哪天天上突然掉下来一块大“馅饼”，那你要小心了，因为这“馅饼”不是圈套就是陷阱。现在的商家和电视节目为了盈利和博得收视率，有时会以购物中奖返利和发送短信抽中幸运观众的形式吸引人们消费和关注。骗子正是利用了这种手段

对一些受害人实施诈骗，让受害人觉得幸运中奖，飞来横财。

其实我们识破这种骗局也很容易，就是要克制自己的贪心，任对方怎样花言巧语，我们不打款、不转账，就不会上当受骗，如果真是幸运来临，就让幸运直接砸到我们头上，而不是为这份幸运付出钱财的代价。

【案例6】冒充电信银行客服类诈骗

2016年某天，文某在家收到建设银行（95533）发送的短信，说要进行个人信息核实认证，请登录wap.ccbsjn.cn，未核实账户将于24小时冻结，其点击链接打开中国建设银行的官网后将个人信息都输入了，然后收到短信让输入支付验证码，结果银行卡显示消费1645元（备注为北京百付宝科技有限公司），发现信用卡被盗用。

【分析及防范方法】

收到95533发来的短信未必是建设银行发来的短信。为什么这么说呢？手机接打电话、收发短信都要通过基站来完成，正规的基站都有固定的运营商，如移动、联通、电信。而伪基站却是个人组装的，一般情况下，一部无线电发射设备加上一个笔记本电脑，再配上相应的软件就可简单组成，伪基站也因组装简易、体积小、易携带，经常被不法分子放入汽车后座或放入旅行箱中带至人口密集的商业街或银行附近，发送诈骗短信。

我们使用的手机又是如何接收这些垃圾短信的呢？手机大约每5秒钟寻找一次基站，当伪基站打开时，不断调大功率，如果大于附近基站发射的功率，就会使这一范围内的手机优先接收伪基站的信号，手机会自动连上伪基站，中断与正规基站的联系。如果当您的手机信号满格，却不能正常对外拨打电话、收发短信时，那么就很有可能是接入了伪基站。此时不要慌张，伪基站会导致用户 8–12 秒短暂的断网时间，尽可能等一段时间或换个地点再拨打电话。“和以前常见的诈骗短信相比，伪基站的危害特别大。”无线电管理局相关负责人表示，以往的诈骗短信很“低级”，都是用一个陌生的手机号码群发短信，但伪基站的运作原理完全不一样，这种高科技设备可以控制每天发送的广告条数，编辑好的垃圾短信，随便一发就是几十万次，而且可控制发送短信频次和时段。

我们在日常生活中又该如何辨别哪些短信是伪基站发出的呢？伪基站发出的短信通常有以下几个特点。

（1）双卡双待手机同时收到来源不明的垃圾短信；
（2）收到以官方号码（运营商、银行）发出的短信，但内容与平时收到的消息相差很大；
（3）垃圾短信中提到的地点你正好经过；
（4）回复 0000 无法发送；
（5）回复 0000 提示未定制 ** 公司业务；
（6）运营商提供的通信详单上没有接收这条短信的记录。

如收到的短信存在上述情况，则可以初步判定短信为伪基站发送。

这时候千万不要按照短信提示操作，如有疑问，应拨打官方客服热线咨询，避免上当受骗。

如何防范伪基站?

首先，大家要提高防范意识，不轻易透露自己的个人信息，不轻易点击不明的链接。

其次，安装手机安全软件，智能拦截垃圾短信。

最后，如果您用的还是SIM卡，那就去更换一张USIM手机卡吧！USIM卡已经可以实现手机与基站的双向验证，基本可以杜绝手机被伪基站欺骗的可能。USIM卡与SIM卡最直观的区别在于：USIM卡支持4G网络。

三、不转账

学习了解银行卡常识，保证自己银行卡内资金安全，绝不向陌生人汇款、转账。

中国人民银行发布《关于加强支付结算管理防范电信网络新型违法犯罪有关事项的通知》，加强账户实名制管理、银行卡业务管理和转账管理。明确自2016年12月1日起，个人通过自助柜员机转账的，在发卡行受理后24小时内，可申请撤销转账。

央行新规对ATM机转账做出了细致的规定，要求银行和支付机构在提供转账服务时，应向存款人提供实时到账、普通到账、次日到账等多种转账方式，存款人需选择后才能办理。除向本人同行账户转账外，个人通过ATM机等具有存取款功能的自助设备转账的，发卡行在受理24小时后办理资金转账。在发卡行受理后24小时内，个人可向发卡行申请撤销转账。受理行应在受理结果界面对转账业务办理时间和可撤销规定做出明确提示。

除向本人同行账户转账外，银行为个人办理非柜面转账业务，单日累计金额超过5万元的，应采用数字证书或电子签名等安全可靠的支付指令验证方式。单位、个人银行账户非柜面转账单日累计金额分别超过100万元、30万元的，银行应进行大额交易提醒，单位、个人确认后方可转账。

根据新规，自2016年12月1日起，同一人在同一银行只能开一个Ⅰ类户，已开立Ⅰ类户，再新开户的，应当开立Ⅱ类户或Ⅲ类户。其中，Ⅰ类户是基本无功能限制的“全能型”账户，需通过银行柜台开立，现场核验身份；Ⅱ类户则是可储蓄理财、限定金融消费支付的“限制级”账户，最高消费和支付单日限额为10000元；Ⅲ类户则为专门用于快捷支付、免密支付等用途的“小额消费”账户，账户余额不超过1000元。需要指出的是，后两类均通过电子渠道开立，不得进行现金存取。

央行有关负责人解释称，一方面为了遏制不法分子直接购买个人开立的银行账户和支付账户，或收购居民身份证后冒名或虚构代理关系开户；另一方面也是为了规范“一人数折”所造成的银行管理资源浪费，建立个人账户保护机制，避免因银行卡信息泄露而带来的资金损失。

银行账户管理基本规定

凡在中国境内开立人民币存款账户的机关、团体、部队、企业、事业单位、个体经济户和个人（以下简称存款人）以及银行和非银行金融机构（以下简称银行），必须遵守账户管理办法的规定。

外汇存款账户的开立、使用和管理，按照国家外汇管理局颁发的外汇账户管理规定执行。

存款人在其账户内应有足够资金保证支付。

存款人在银行开立基本存款账户，实行由中国人民银行当地分支机构核发开户许可证制度。

银行对存款人开立或撤销账户，必须向中国人民银行分支机构申报。

存款人不得违反规定在多家银行机构开立基本存款账户。

存款人不得在同一家银行的几个分支机构开立一般存款账户。

存款人的账户只能办理存款人本身的业务活动，不得出租和转让账户。

开户银行负责按本办法的规定对开立、撤销的账户进行审查，正确办理开户和销户，建立、健全开销户登记制度，建立账户管理档案，定期与存款人对帐。

开户银行对基本存款账户的撤销，一般存款账户、临时存款账户、专用存款账户的开立或撤销，应于开立或撤销之日起 7 日内向中国人民银行当地分支机构申报。

【案例1】网上代办信用卡诈骗

2017年7月份某天，钟某通过百度在网上找了一个代办信用卡的网站，在网站上钟某留了个人的身份证号等信息，第二天有个137***的号码和钟某联系，对方自称姓刘，是上海一家担保公司的工作人员，跟钟某说了如何办理信用卡和收费标准，需要300元的包装费和1500元的服务费，钟某用支付宝给对方的银行卡上转了300元。三天后钟某收到对方邮寄过来的信用卡，快递单上没有发货地址，钟某扫二维码发现对方是湖北省孝感的，收到卡后钟某又用支付宝给对方转了1500元的服务费。转过钱后钟某和寄件人联系，对方说钟某收到的信用卡需要激活，得做一个5800元的银行流水，通知钟某给他们打5800元。两天后，钟某用支付宝给对方转了5800元，下午的时候对方说激活超时了，让再打3123元，钟某又用支付宝给对方转了3123元，转完后对方又说钟某转的这两笔钱对接不上，让钟某再重新补交5800元。钟某觉得古怪，没有给对方转，他让对方退钱，对方坚决不退。

【分析及防范方法】

骗子抓住一些人通过正规渠道办不了信用卡或者银行卡，通过许诺快速办理或者可以办理高额度的信用卡，吸引受害人上当。不法分子利用受害人对信用卡相关手续不熟悉，以服务费、激活费等形式多次向受害人索要财物。

防范这种骗局时，要求我们禁止通过非正常渠道办理信用卡手续，办理信用卡应该通过正规渠道，认真接受银行审核，通过网上申请信用卡的一定要通过银行的官方网站，且办理开卡等手续时，一定要通过银行所提供的几种开通渠道。保护好自己办理信用卡的个人相关信息，遇到自己不明白的业务，一定要向银行客服咨询明白，必要时亲自到银行了解情况。

信用卡的办理条件和流程是什么呢?

一般情况下，办理信用卡的条件如下。

1. 年满 18 周岁的成年人。

2. 如果没有信用卡，则要求提供本公司的财务证明你的收入状况等相关证明，要是已经拥有一张信用卡，则可以以卡办卡，省略了不少的步骤。

3. 必须提供本人的身份证。

4. 其他条件。比如交通银行的办卡要求是需符合以下任意一项条件即可申请:

有稳定的工作，连续缴纳三金，且从未持有交通银行信用卡主卡;有大专或以上学历，且从未持有交通银行信用卡主卡;在交通银行有一定的资产，且从未持有交通银行信用卡主卡。

【案例 2】网上办理贷款诈骗

金某前几天在好贷网上申请了贷款，贷款办下来了，金某接到好贷网的通知说会对他进行回访。一天下午，金某接到一个电话，对方自称是一个贷款机构的，要对他的贷款进行回访，让金某核对信息。对方问了金某的银行卡号，说金某的银行卡上得保 2 万元以上的保证金才能贷款，金某也没有多想，往自己卡里存了 2 万块钱。存过钱后对方说这 2 万元得先打到他们那里，跟他们对接，然后他们再把这 2 万元和申请的贷款一块打给金某。过了一会，金某收到一条短信验证码，对方问了金某手机收到的验证码，金某把验证码告诉了对方，随后发现钱被转走了。

【案例3】创业基金申请诈骗

2016年某天，卓某通过微信加了一个名为“缘分”的好友，他自称是做黄金生意的老板。卓某和他聊了几天，他说可以给卓某提供60万元的创业基金。过了一个星期，“缘分”给卓某打电话说，60万元的创业基金已经申请下来了，让卓某和律师毛某联系。“缘分”把毛律师的手机号码给了卓某，卓某就给毛律师打了电话，毛律师说当天上午10点给卓某办好手续。随后，毛律师给卓某打电话让其给他汇9000元的税钱，9000元税钱到账后他就把60万元的创业基金给卓某汇过来。毛律师通过短信给卓某发了一个中国邮政银行的账号，开户名并不是毛某的名字，卓某当时略作迟疑，但是考虑到60万创业基金马上就到账了，就没再多想。卓某在城区邮政银行的自动取款机上往毛律师的指定账户上存了9000元钱，随后毛律师的电话就打不通了，“缘分”也联系不上了。

【分析及防范方法】

“案例 2”是受害人为了快速得到较多的贷款缓解资金压力选择从网络申请贷款。网络贷款是与线下贷款不同的一种方式，现在各种 P2P 平台、房产抵押贷款平台都可以为融资者和借款人提供借款服务。尽管渠道不一样，但是整个贷款申请流程是一样都不少，所以在贷款前了解网络贷款的贷款流程至关重要。

（1）选择合适的贷款公司和贷款产品。

现在网络上的 P2P 平台上千家，而每家贷款公司也根据抵押贷款或者垫资赎楼业务等分不同的产品。所以首先要了解自己的需求，是短期还是长期，是抵押贷款还是垫资赎楼贷款，如此就可以直接根据贷款平台上的产品进行选择了。

（2）准确填写贷款申请。

贷款人在网上在线填写申请信息时，一定要填写申请的地域、申请金额等，并留下电话号码，以保证贷款公司联系。比如在第一房贷 APP 上填写时，就要先注册好个人信息，这样会享有一定比例的返佣。这些都是很重要的细节。

（3）与信贷员电话沟通。

贷款申请过后，网络贷款平台客服人员会与申请人进行电话沟通，沟通过程中，通常会问及你的个人信用、工作性质、职业属性、收入情况和婚姻状况等资信情况，以及贷款用途、所需钱、贷款期限等贷款事宜。除此情况之外，若是申请房屋抵押贷款，还会涉及到你抵押房屋的面积大小、坐落位置、房龄、朝向等各项问题。耐心配合信贷员的调查，就相当于为你成功贷款做努力。

（4）贷款合同面签。

（5）贷款抵达账户后，贷款机构则会主动联络你进入到面签合同的环节。

需要特别提醒的是，切勿把签订合同当儿戏，因为其会产生法律效力，所以在此之前，你一定要确认好贷款期限、贷款金额、还款方式、到期还款日等具体细节。包括贷款利率、利息支付方式等，都要了解清楚，防止出现分歧。

待贷款合同签订后，钱便会顺利抵达你的银行账户，剩下的就是根据协议按时还利息。有些返佣的，比如第一房贷的返现体系，就可以经常查看账户，可能会有可观的收入。

网络申请贷款一定要找正规的网络平台办理贷款，以免上当受骗，比如贷款完成之前先交手续费等，这些一定要注意的。

“案例 3”是受害人轻信了微信中的好友，相信了天上掉馅饼的好事，不用任何担保和抵押就能拿到所谓的创业基金。特别是近些年某些媒体宣传的用一本项目书就轻松拿到别人的投资，所谓成功的风投案例，更是给了一些人们“希望”，让一些人无法理性地看待问题。所以，对于微信上的好友要加以区别，哪些是工作上的朋友，哪些是生活上的朋友，哪些只是网上认识的朋友，即使是熟悉的好友，也要确认好友的身份，是否是好友本人在使用自己的微信。另外对于借贷程序，一定要有了解。

【案例 4】通过手机 APP 平台发虚假链接诈骗

2017 年某天，赵某在手机一个叫“转转”的二手交易软件上看到一款佳能 EOS80D 单反相机，赵某在平台上和卖家聊天，对方让他加微信。赵某加过对方后，对方说相机 2300 块钱，赵某觉得价钱合适，比店面里卖的便宜不少。但对方说相机不包邮，得把邮费加上，对方先给赵某发了个链接，赵某点开后发现价钱不对，对方又发过来一个链接，赵某点开后是平台的界面，赵某点击购买下单后，出来一个二维码，提示赵某扫二维码支付。赵某用微信扫过后支付了2300元。支付过后对方说还有一模一样的相机，问赵某还要不要，赵某不想要，随便说了个价1500元，对方说1800元，赵某说不要了，对方说1500元也卖，并给赵某发了个链接。赵某发现不对劲，进入“转转软件”后发现自己支付的订单并不存在，赵某问对方咋回事，对方说等发货了就有了，随后对方就把赵某拉黑了。

【分析及防范方法】

近年随着淘宝网的兴起，多种网络购物平台层出不穷，各种低价宣传花样不断，内部价、水货价、代购价等，让人们总以为网上能淘到又便宜又好的物品，骗子正是抓住受害人“占小便宜”的心理，利用伪装成网购平台的钓鱼网站，提供虚假链接，让购物者进入自己设好的圈套中，骗取购物者的钱财。

防范此类诈骗要求我们在网上购物时尽量选择知名度比较高的网站，选择店家时选择网站实名认证过的，购物时一定要选择官网上的链接，不要随便打开对方发过来的链接，对网站的域名要有一定的甄别能力。不要抱有捡漏的思想，天上不会掉馅饼，不要相信店家夸大虚假的宣传，出售远低于正常货品价格的店家很可能就是一个购物陷阱。

【案例5】补贴退税类诈骗

郑某考虑许久，攒钱买了一辆中华V5汽车，十分爱惜。就在郑某购置完汽车一个礼拜后，郑某突然接到一个电话，说买车有3000元补贴。第二天上午对方发过来一条信息，让跟另一个客户经理联系补贴的事情，对方在电话里给报了一个银行账号，称通过ATM机操作领取补贴，郑某随后去了银行，到了银行以后郑某按照对方的指示一步一步操作，随后郑某的银行卡被转走22300元。郑某发现自己上当后，拨打了报警电话。

【分析及防范方法】

这是典型的个人信息泄露造成的电信网络诈骗案件，骗子通过非法渠道获取了受害人购置汽车的时间、车型等信息，又通过购置单上的买车信息了解了郑某的姓名、电话等个人信息。因骗子在郑某购买后不久联系到郑某，对郑某买车的情况十分了解，郑某下意识认为这是汽车销售商联系的自己，陷入了骗子的圈套。

识破这种诈骗的方法是首先保护好自己的个人信息，当有人联系我们退税补贴时应问清退税的具体税种、补贴的具体名目，问清后通过官方渠道询问补贴退税的具体条件、程序和部门和国家补贴退税政策要求。任何情况下都不要通过事先转账或者操作ATM机领取，补贴和退税款会直接打到你的

个人银行账号上。

【案例6】网络游戏类诈骗

黄某21岁，整日沉迷于网络游戏。2017年某天，黄某发现有一玩家在游戏中喊话，说自己游戏币卖得便宜，黄某就把该玩家添加成了自己的游戏好友，该好友给他一个买卖游戏币平台链接网站，称通过该网站购买游戏币点低，可以省不少钱，黄某点开该网友提供的游戏币买卖平台购买游戏币，输入银行账户、密码后又给网站提供了三次手机验证码后，发现自己的银行账户被转走4851元人民币。

【分析及防范方法】

其实在网络游戏这个虚拟的世界中有很多这样的骗子，骗你购买自己的账号，骗你低价购买游戏币，骗你登录注册伪装的充值网站，低价代练等。在这种虚拟的世界里，游戏玩家往往更没有真实社会中的道德责任感、遵纪守法的意识，没有道德的约束、法律的框架，这正是骗子实施诈骗犯罪的温床。

防范这种诈骗的方法是不要轻易在游戏过程中给别人提供自己的个人信息，很多骗子冒充玩家，会通过各种手段套取其他玩家的真实信息，这时候我们要提高警惕，不要轻易向陌生人提供个人信息。我们玩游戏的初衷是要体验游戏本身的快乐，不要让玩游戏变了质，玩游戏靠实力不靠花钱，我们花钱无非是快速升级，快点拿到自己想要的装备。其实如果认真靠自己的实力玩游戏，不涉及金钱，或许我们就不会被骗了。其实网络游戏也只是休闲娱乐的一种方式，克制自己不要沉迷其中，大多数被骗的网游朋友都是因为对一个游戏过于沉迷，以致失去自己应有的判断力，最终上当受骗。如果有人在游戏里向你伸出橄榄枝，那么你一定要提高警惕，因为天上没有掉馅饼的事儿，没有平白无故的恩惠。除了上述的以外，最重要的还是回到一直强调的一点，自己要有安全防范意识，只有自己的安全防范意识提高了，才能守住最后一道防线，做到不受骗。

综上所列举的案例，结合公安机关办案民警的意见、社会电信网络诈骗现象的相关调查统计，借鉴各种平台宣传防范电信网络诈骗好的建议，总结起来就是要做好电信网络诈骗的防范工作，我们需要在日常工作生活中做到六个一律、八个凡是不要信。

四、防骗小贴士

通过了解上述的案例，我们可以从中汲取经验和教训，要树立正确的安全防范意识，提高防范能力，做新一代中国大学生。

请同学们牢记公安和相关业务部门总结的防骗小诀窍。

六个“一律”：

只要一谈到银行卡，一律挂掉；只要一谈到中奖了一律挂掉；只要一谈到“电话转接公检法”的，一律挂掉；所有短信，让点击链接的，一律删掉；微信不认识的人发来的链接，一律不点；一提到“安全账户”的一律是诈骗。

八个“凡是”不要信：

凡是自称公检法人员要求汇款的不要信；凡是叫你汇款到“安全账户”的不要信；凡是通知中奖、领奖要你先交钱的不要信；凡是通知“家属”出事要先汇款的不要信；凡是在电话中索要银行卡信息及验证码的不要信；凡是让你开通网银接受检查的不要信；凡是自称领导要求汇款的不要信；凡是陌生网站要登记银行卡信息的不要信。

第四节 遭受电信网络诈骗后的补救措施

一、遭受电信网络诈骗后的做法

在遭受电信网络诈骗后，千万要及时报警，不要觉得告诉别人会丢面子，或是有想要自己解决问题的思想，涉及到父母、亲戚、朋友的信息等时，一定要及时通知亲友做好防范工作，以免错失了补救的机会。遭受诈骗后：

首先，向公安机关报案或通过反诈骗平台报案，是挽回经济损失的最快、最直接的方法；

其次，提供案件线索，打击电信犯罪，抓获相关嫌疑人；

最后，参与到电信网络诈骗防范宣传中来，以自己的亲身经历去教育身边的人，让自己的亲戚朋友不再受骗。

虽然说对于电信网络诈骗犯罪“打”不如“防”来得有效，但是一旦被电信网络诈骗行为侵害，我们也要有足够的应对措施，挽回不必要的损失，切勿病急乱投医，再次落入别人的圈套。

二、遭受电信网络诈骗后补救时的做法

1 找到正确的时间点补救

如果一旦发现钱财被诈骗，第一时间报警十分重要，只有被骗群众及时

报警，反诈骗部门才能采取措施及时止付，封堵被骗资金。追踪封堵赃款的黄金时间多在汇款转账后的半个小时以内，所以这半个小时也被称为止付黄金半小时。在黄金半小时内说清涉案通信号码和银行账号等关键信息，为反虚假信息诈骗中心快速处置提供必要条件，才能最大限度追回被骗资金。

2 找到正确的途径补救

不管通过网站、电话，还是到公安机关报警补救，都应通过网络违法犯罪举报网站、110 报警平台等正规的途径进行求助。如果被骗时间短，应先行通过电话方式进行报警，及时止付；如果被骗时间较长，建议先行整理好自己被骗的相关证据和骗子们使用的账号、电话信息等，尽量向公安机关提供详尽的证据材料，向公安机关详述自己被骗经过，提供线索，为公安机关找到电信诈骗分子提供便利。

3 找到正确的方式补救

提高自己的防范意识固然十分重要，但是骗子的骗术真是花样翻新、层出不穷，有时确实让人真假难辨，防不胜防。所以，我们一旦发现自己或者亲戚朋友上当受骗该怎么办？我们需要知道怎样做才是正确的补救措施，怎样处理才能及时挽回自己的损失、惩治这些犯罪分子。

一旦发现自己上当受骗或听到亲戚朋友被骗，请立即拨打“110”或者当地反诈骗专线电话向公安机关报案，并提供骗子的账号和联系电话等详细情况，以便公安机关第一时间开展资金封堵和侦查破案。

经公安部授权，从2015年开始，各省公安厅地市级公安局已经逐步成立了打击防范电信网络诈骗犯罪信息平台、反虚假信息诈骗实战平台和电信网络诈骗侦办平台，平台的中心职能是银行卡账号以及第三方的止付、查询、冻结以及解冻，并与金融机构协作，在平台内成立查控中心，建立完善警银联动工作机制，建立了快速查询、止付、拦截通道，实现电信网络诈骗犯罪案件受理、查询、处置一体化，为全国打击防范电信网络诈骗犯罪提供资金流查控等服务。

目前，全国各级公安机关刑警队、派出所已全部接入“电信网络诈骗案件侦办平台”。各级公安机关刑警队、派出所接报电信网络诈骗案件后，第一时间查明涉案的一级账户，并在30分钟内将简要案情和一级账户的姓名、账号、转账时间等信息录入平台。设在公安部刑侦局的全国打击治理电信网络新型违法犯罪专项行动办公室实时审核各地接警录入侦办平台的涉案账户信息，并与相关银行紧密协作，开展紧急止付工作。

当受害人意识到上当受骗后应当立即报案，拨打110或者直接到公安机关进行报案，办案民警会按照先止付后询问的原则，止付时，需要向民警告知你的真实姓名和身份证号码，并提供转出现金的账号和账号开户行信息、转账的具体时间和准确金额，以及骗子的银行账号、账号用户名、开户行（银行的柜台和银行客服都可以帮忙查询）。此外，还要提供汇款凭证或者电子凭证截图。

在搜集上述信息后，报警系统可以凭借这些信息，对嫌疑人的银行卡进行紧急止付，尽最大努力保护受害人的财产安全。需要强调的是，为了尽快追回损失，如果发现被骗，尽量在30分钟内完成以上操作。

4 正确及时地保留相关的证据

为什么要正确及时地保留相关证据呢？

首先，证据是我们报案和公安机关立案的重要依据，也是公安机关继续办案的案件线索，更是将来我们追回损失的重要凭证。所以，正确和及时地保留证据是在出现电信网络诈骗后我们应当具备的意识和能力。

其次，我们要以正确的方式保留相关证据。证据本身是有证明力的，公安机关通过合法的途径依照合法的程序进行提取。我们需要做的就是尽量保持证据的原始状态，即保持证据的初始性、完整性和客观性。对电信诈骗中使用过的手机、电脑等设备中的信息不要删除和修改，有可能破案的线索也藏在这些信息中。

再次，电信网络诈骗中的证据比较单一有限，证据往往以电子证据的形式出现，由于一些电子设备的特点，及时地保留证据可以有效避免证据的丢失。

最后，将保留好的证据提供给公安机关。一般在黄金半小时做完自己该做的事情后，即止付完成后，民警会对受害人进行询问，询问时将案发时间、案发地点、诈骗通讯账号（如QQ、微信等）、受骗的通讯账号、诈骗借口、损失金额详细提供给警方，并将身份证号码、交易单据记录、汇款银行账号、骗子的银行账号、聊天记录、通讯记录交由民警作为案件证据继续调查使用。

民警会将受害人的账户录入公安部电信网络诈骗侦办平台，并通知相关部门争分夺秒地工作，短时间内将被骗的款项冻结。冻结成功后，凡是由反诈中心冻结的账户，办案单位均可进行资金原路返还工作，办案人员会依照程序将被骗款项返回到受害人账户中。受害人应配合公安机关将相关线索提供给办案民警，接受办案民警的询问，办案民警会将骗子的手机号码信息、银行账号信息、诈骗网站信息分类登记入册，便于公安机关收集证据，打击电信网络诈骗犯罪。

如果手机中经常会收到类似的诈骗短信，请将短信内容以及涉案类型编辑短信发至 12110 进行举报。我们还可以通过公安部网络保卫局的网络违法犯罪举报网站进行注册举报。

亡羊补牢，犹未晚也。对于一些被电信网络诈骗骗去钱财的受害人来说，由于某些客观原因，损失可能已无法挽回。但对于整个社会来说，与电信网络诈骗犯罪的斗争才刚刚开始，面对骗术精湛、手段不断翻新的骗子，我们自己能做到的就是提高防范意识，保护好自己的个人信息，积极参与到电信网络诈骗的防范志愿工作中来，以自己的或者别人的经历去告诫身边的人，让更多的人看透电信网络诈骗的本质，不再上当。当骗子们无计可施，骗局就不再得逞。这样对于整个社会而言，也是遭受电信网络诈骗后的一种补救。

第三章　参与电信网络诈骗斗争

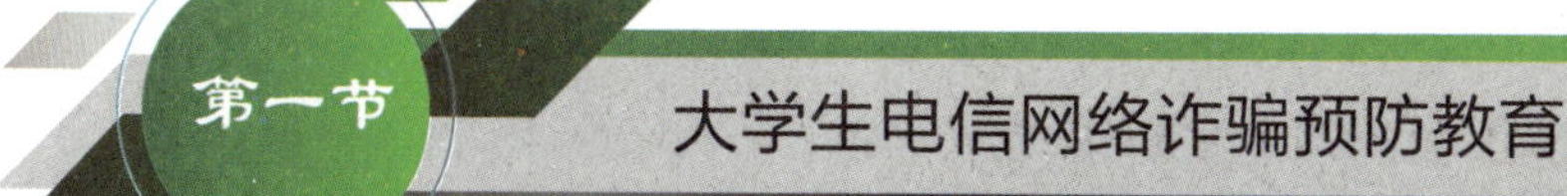

第一节　大学生电信网络诈骗预防教育

随着互联网、通信网络不断发展，不法分子利用电话、网络、伪基站等现代通讯技术和网络结算方式实施诈骗的犯罪活动呈现逐年增多的趋势，诈骗手段不断翻新，花样层出不穷，冒充公检法、学校、社保局人员，谎称包裹丢失、购车退税、银行卡被盗刷等实施诈骗，不仅损坏了普通人民群众的财产安全、人身安全，破坏社会诚信体系，影响社会稳定，也违背了社会主义核心价值观，破坏社会的正风气。为此，积极开展电信网络诈骗预防教育具有重要的现实意义，尤其在大学生群体中，电信网络诈骗预防教育十分有必要。

一、什么是电信网络诈骗预防教育

电信网络诈骗预防教育是指通过各种途径让人们了解和认识电信网络诈骗的基本手段和相关知识，揭示电信网络诈骗对个人、家庭和社会的危害，提高全民防范电信网络诈骗的能力，鼓励公安机关、团体和个人积极参与防范电信网络诈骗的斗争，从而构筑全社会防范电信网络诈骗的有效体系。

二、大学生电信网络诈骗预防教育的重要性

近些年来，学生群体已经成为了受骗的主要对象，徐玉玉事件的发生更促使人们认识到了大学生电信网络诈骗预防教育的重要性。大学生作为即将步入社会的群体，自我保护意识和能力较差，对一些事物认识能力不足，同时对手机的依赖使得大学生群体更易受到电信网络诈骗的危害。

电信网络诈骗预防教育的对象可分为一般对象与重点对象。所谓一般对象，是指不论男女老幼、干部群众、有业无业等，都是电信网络诈骗预防教育的对象。全体社会成员都应该接受电信网络诈骗预防教育，都应该了解和懂得有关基本常识，提高防范意识，积极响应并自觉参与各种防范诈骗活动。所谓重点对象，是指老年人、在校学生、文化程度低人员等易受骗的人群。对于重点对象，应加大教育力度和教育的针对性。大学生群体就是重点对象，需要人们提高重视。

总体来说，对大学生进行电信网络诈骗预防教育是十分重要的。

三、电信网络诈骗预防教育的内容和形式

电信网络诈骗预防教育的内容一般包括以下内容。

1 认识电信网络诈骗历史：包括诈骗犯罪的起源、中外合作反诈骗斗争情况等

随着互联网应用的迅速普及，以及互联网金融业的发展，信息化的通讯工具、便捷的互联网被大量不法分子滥用，电信诈骗犯罪越来越猖獗，手段花样不断翻新，呈现高发态势，人们防不胜防。

电信诈骗境内境外勾连共同犯罪模式突出。为彻底打掉电信网络诈骗团

伙，我国公安机关大力加强国际和地区间执法合作，与多个国家和地区警方联手，重拳打击在境外实施犯罪的团伙成员和幕后组织者。近两年来，公安机关从东南亚、大洋洲、非洲等地大规模押解回电信网络诈骗犯罪嫌疑人。

如 2016 年 9 月 22 日，吉林省白山市长白县受害人许某先被引诱接触虚假“投注博彩”网站，输掉自己的积蓄和借来的钱。为还钱，又陷入网络低息贷款诈骗。前后共损失 130 余万元的许某承受不住压力，跳楼自杀。该案件是一个由大头目操纵的多个诈骗团伙，在境内境外都有窝点。境内的落脚点主要在广东，境外窝点设在印度尼西亚、斐济。2017 年 7 月 18 日，警方在境内境外同步开展抓捕行动，团伙骨干无一漏网，境外抓获犯罪嫌疑人 77 人，境内抓获犯罪嫌疑人 83 人。

2　掌握电信网络诈骗知识：包括电信网络诈骗的概念、种类、不同特征等，以及其造成的各种危害

知己知彼，百战不殆。人民群众只有认识了电信网络诈骗，才能有针对性地防范，才能更有力地与其斗争。为此，防范电信网络诈骗的宣传教育内容中，重点就是我们要掌握骗子的诈骗套路、手法，抓住其特征，透析其本质是要获取信息、诈取财物，从而有效应对。

3　了解受骗原因：包括上当受骗的起由、受骗者的心理特征等

（1）缺乏常识性知识。

易受害人员往往缺乏一些常识性的知识。如针对大学生来说，涉世未深，不了解社会，安全防范意识较弱，容易轻信他人的花言巧语。老人接触新事物渠道比较少，缺少新业务的常识性知识，此外受亲情、利益影响大，容易被蒙蔽。

（2）防范意识淡薄。

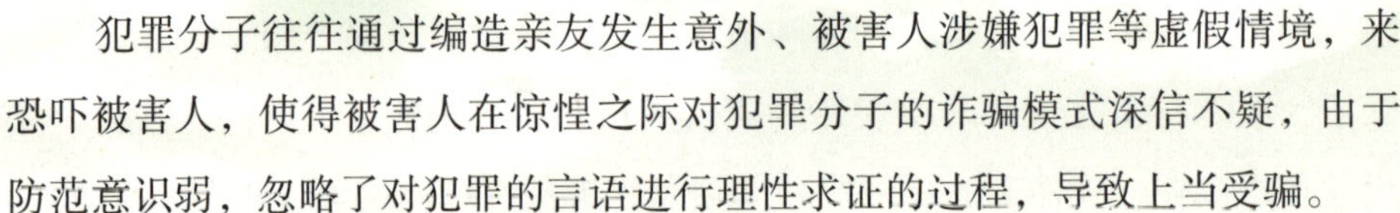

犯罪分子往往通过编造亲友发生意外、被害人涉嫌犯罪等虚假情境，来恐吓被害人，使得被害人在惊惶之际对犯罪分子的诈骗模式深信不疑，由于防范意识弱，忽略了对犯罪的言语进行理性求证的过程，导致上当受骗。

（3）贪图私利的欲望。

被害人贪图小利的心理动机是推动电信诈骗取得成功的先决条件。尤其是中奖诈骗、网络购物、股票投资、保险分红等形式的电信诈骗案件中，受害人屡屡中招往往都是因为一个贪念，正是如此的心理，才会让犯罪分子频频得手。

4 知悉有关电信网络诈骗的法律法规

相关行业知晓防止电信网络诈骗犯罪的职责任务，制订相关的行业规章以及构建安全防护机制。广大人民群众了解维护个人信息安全的法律法规，提高个人信息防护意识，提升诈骗防范能力。

5 提高防范意识：包括了解掌握一定的识别电信网络诈骗的技能等

电信网络诈骗预防教育既要充分利用报刊、广播、电视、互联网等大众传媒的功能，又要善于发挥标语、墙报、招贴画、文艺演出等群众性宣传方式的作用；既可采取专题讲座、课堂讲授等形式，又可采取谈话、讨论等形式。方法可以多种多样，形式可以丰富多彩，关键是因地制宜，务求实效。

四、预防电信网络诈骗顺口溜

陌生电话要警惕，可疑短信需注意；
中奖退税送便宜，哄你汇钱是目的；
暴利理财和投资，多是骗局莫搭理；
刷卡消费欠话费，细分真伪辨猫腻；
冒充领导公检法，提防骗子在演戏；
来电自称黑社会，立刻报警不迟疑；
亲朋好友遇事急，不忙汇款先联系；
升级网银假信息，钓鱼网站莫点击；
电子银行本人办，U 盾自己拿手里；
个人信息要保密，密码账号管仔细；
任凭骗术千万变，我自心中有主意；
不理不信不汇款，小心谨慎防万一；
家庭情况要保密，涉及钱财需小心；
短信诈骗花样多，不予理睬准没错；
邮包违禁不要慌，医保欠费要骗你；
电信欠费要核实，来电信息需辨清；

公安法院来电紧，回拨号码查仔细；
亲属出事别轻信，骗取钱财是目的；
飞来大奖莫惊喜，让你掏钱洞无底；
天上不会掉馅饼，涉钱信息勿轻信；
陌生号码不急回，大额汇款要当心；
询问信息要警惕，卡号密码需保密；
陌生电话勿轻信，以防害人又害己；
一旦难分假和真，110 咨询最放心。

第二节 大学生电信网络诈骗预防教育的宣传阵地

学生群体接触社会少，社会经验不足，应该选择合适的形式以及有针对性的内容进行宣传教育。从课内到课外，从教室到操场，我们可以充分利用每个角落来进行大学生电信网络诈骗预防教育。

近年来，随着互联网技术迅速发展、智能手机的广泛普及以及电子支付方式的不断出新和完善，学生群体成为网络技术使用和网上购物消费的主力军。不法分子利用学生思想单纯、涉世经验不足，有目的地针对学生设置骗局，进行电信网络诈骗，手段不断翻新，致使高校内针对学生的电信网络诈骗案件呈井喷态势。高校的保卫部门在预防电信网络诈骗案件时必须创新思路，依托高校警务室加强宣传，联合防范和打击电信网络诈骗，警校合作共同保护学生的网络安全。

同时，广大学生也可以积极投身于防范诈骗的工作之中，学生代表可作为校园防范义务宣传员，推广防范电信网络诈骗的微信公共号，散发防范手册，并每月汇总微信公共号推广情况。学生组织宣传员们还可以自编自导自演系列防诈骗微电影，在校园内进行上映。

一、大学生防骗小常识

（1）不要将个人有效证件借给他人，以防被冒用。

（2）不要将个人信息资料如存折（金融卡）密码、住址、电话、手机、呼机号码等轻意告诉他人，以防被人利用。

（3）对陌生人不可轻信，不要将钱物借出。

（4）防止以“求助”或利诱为名的诈骗行为，一旦发现可疑情形，应及时向父母、老师或保卫处（派出所）报告。

（5）切不可轻信张贴广告或网上勤工助学、求职应聘等信息。

二、校内诈骗作案的主要手段

1 假冒身份，流窜作案

诈骗分子往往利用假名片、假身份证与人进行交往，有的还利用捡到的身份证等在银行设立账号提取骗款。骗子为了既能骗得财物又不露出马脚，通常采取游击方式流窜作案，财物到手后即逃离。还有人利用骗到的钱财、名片、身份证、信誉等为资本，再去诈骗他人，重复作案。

2 投其所好，引诱上钩

一些诈骗分子往往利用被害人急于就业或出国等心理，投其所好，应其所急施展诡计而骗取财物。

3 真实身份，虚假合同

利用合同或无效合同诈骗的案件，近几年有所增加。一些骗子利用高校学生经验少、法律意识差、急于赚钱补贴生活的心理，常以公司名义、真实的身份让学生为其推销产品，事后却不兑现诺言和酬金而使学生上当受骗。对于类似的案件，由于事先没有完备的合同手续，处理起来比较困难，往往时间拖得很长，花费了许多精力却得不到应有的回报。

4 借贷为名，骗钱为实

有的骗子利用人们贪图便宜的心理，以高利集资为诱饵，使部分教师和学生上当受骗。个别学生常以“急于用钱”为借口向其他同学借钱，然后却挥霍一空，要债的追紧了就再向其他同学借款补洞，拖到毕业一走了之。

5 以次充好，恶意行骗

一些骗子利用教师、学生“识货”经验少又苛求物美价廉的特点，上门推销各种产品而使师生上当受骗。更有一些到办公室、学生宿舍推销产品的人，一发现室内无人，就会顺手牵羊，溜之大吉。

6 招聘为名，设置骗局

随着高校体制改革和社会主义市场经济的发展，高校学生分担培养费的比重逐步加大。为了减轻家庭负担，勤工俭学已成为大学生求学的重要手段。诈骗分子往往利用这一机会，用招聘的名义对一些“无知”学生设置骗局，骗取介绍费、押金、报名费等。某高校几位学生通过所谓的“家

教中介”机构联系家教业务，交了中介费后，拿到手的只是几个电话号码，其实，对方并不需要家教或者“联系迟了”，但要想要回中介费是绝对不可能的。

7 骗取信任，寻机作案

诈骗分子常利用一切机会与大学生拉关系、套近乎，或表现出相见恨晚而故作热情，或以朋友相称，骗取信任后常寻机作案。

三、高校诈骗案件的预防措施

1 提高防范意识，学会自我保护

社会环境千变万化，青年大学生必须尽快适应环境，学会保护自我。要积极参加学校组织的法制和安全防范教育活动，多了解、多掌握一些防范知识。在日常生活中要做到不贪图便宜，不谋取私利；在提倡助人为乐、奉献爱心的同时，要提高警惕性，不能轻信花言巧语；不要把自己的家庭地址等情况随便告诉陌生人，以免上当受骗；不能用不正当的手段谋求择业和出国；发现可疑人员要及时报告，上当受骗后要及时报案、大胆揭发，使犯罪分子受到应有的法律制裁。

2　交友要谨慎，避免以感情代替理智

人的感情是主体与客体的交流，既是主观体验也是对外界的反映，本身应该包含合理的理智成分。如果只凭感情用事、一味“跟着感觉走”，往往容易上当受骗。交友最基本的原则有两条：一是择其善者而从之，真正的朋友应该建立在志同道合、高尚的道德情操基础之上，是真诚的感情交流而不是简单的利益关系，要学会了解、理解和谅解；二是严格做到“四戒”，即戒交低级下流之辈，戒交挥金如土之流，戒交吃喝嫖赌之徒，戒交游手好闲之人。与人交往要区别对待，保持应有的理智。对于熟人或朋友介绍的人，要学会“听其言、察其色、辨其行”，而不能“一是朋友，都是朋友”。对于“初相识的朋友”，不要轻易“掏心窝子”，更不能言听计从受其摆布利用。对于那些“来如风雨，去如微尘”的上门客，态度要热情，处事要小心，尽量不为他们提供单独行动的时间和空间，以避免给犯罪分子创造作案条件。

3　同学之间要互相沟通、互相帮助

在大学里，无论哪个学院、哪个专业，班集体总是校园中一个最基本的组织形式。在这个集体中，大家向往着同一个学习目标，生活和学习是统一的、同步的，同学间、师生间应该加强沟通、互相帮助。有些同学习惯于把个人之间的交往看作是个人隐私，但必须了解，既然是交往就不存在绝对保

密。有些交往关系，在自己认为合适的范围内适当透漏或公开，更适合安全需要，特别是在自己觉得可能会吃亏上当时，与同学有所沟通或许就会得到一些帮助并避免受害。

4 服从校园管理，自觉遵守校纪校规

为了加强校园管理，学校制定了一系列管理制度和规定。制度总是用来约束人们行为的，在执行过程中可能会给同学们带来一些不便，但是制度却是必不可少的，况且，绝大多数校园管理制度都是为控制闲杂人员和犯罪分子混入校园作案，为维护学生正当权益和校园秩序而制定的。因此，同学们一定要认真执行有关规定，自觉遵守校纪校规，积极支持有关部们履行管理职能，并努力发挥出自己的应有作用。

四、高校预防措施实例

（1）2015 年 5 月，盘城派出所联合南京信息工程大学保卫处在校园内开展防电信网络诈骗知识宣传活动。前期，民警在借鉴“徐州经验”的基础上，取精用弘，精心编制了取材于基层警务工作实战的电信网络诈骗防范宣传手册、警方提示宣传页、安全防范书签、“常警官”画说“校园安全”宣传手册。此次宣传材料一改过去严肃的版面设计，将 Q 版的警察形象，配上趣味网络语言，融入到宣传材料中，以简单生动的手绘警务漫画效果，在图片中“以图说案”，将近期接报的各类诈骗案件的诈骗手段体现出来，有针对性地提醒大学生要具有丰富防骗知识，提高防范意识。此次校园防诈骗专题宣传活动共发放防诈骗宣传手册 2000 册、警方提示宣传页 1000 张、警务工作室书签 1500 张，获得了广大师生的一致好评。

（2）2016 年 12 月，福州大学联合人民银行福州中心支行、福建省银行卡协会、中国银联福建分公司、福州市上街（高新区）公安分局及福州地区 27 家金融机构在学校广场共同开展了以“维护安全支付环境，打造和谐美丽校园”为主题的防范打击电信网络诈骗进校园宣传活动，1500 名师生参加了活动。本次活动的主要内容包括：电信网络诈骗、银行卡信息买卖实际案例警示教育，相关政策文件展示解读，安全用卡知识宣传普及，整治非法买卖信息专项行动、防范打击电信网络诈骗、打击无证经营支付业务相关知识宣传普及，为学生提供现场咨询，与学生现场互动等。活动现场气氛热烈，教育效果良好，得到了师生的好评。此次活动扩大了安全支付知识普及面，提升了师生的信息安全意识及自主识别诈骗能力，打造了和谐安全的校园支付环境。

（3）2017 年 3 月，常州大学保卫处在全校师生中开展了以“防诈骗”为重点内容的安全教育宣传周活动。活动前期，保卫处进行了精心策划和准备，印制了万余份“常见三类通讯网络诈骗防范宝典”书签，制作了十余张防骗宣传展板、多条宣传横幅，同时在各学生社团组织中征集了防诈骗安全宣传海报并进行评选。在活动现场，保卫处通过宣传品发放及现场咨询等方式，向同学们详细讲解了发生在身边的案例、诈骗的方式，以及应采取的相关防范措施，提醒大家不要轻信陌生电话、短信和网络信息，遇到不明情况要客观冷静，不要贪图眼前利益，以防上当受骗，同时保卫处向师生们征集了对安全教育的意见建议。师生们纷纷在横幅上签下自己的名字，以示对防诈骗安全宣传的认同和支持。由保卫处指导的大学生安全协会则深入到各学生宿舍，发放了安全宣传资料，向学生们进行了防范电信诈骗等校园安全教育的宿舍宣讲活动。保卫处联合武进区公安局网安大队、科教城派出所等在周有光语言文化学院、制药学院等二级学院开展了防诈骗主题班会活动，以期防微杜渐，从思想上、源头上防范各类诈骗事件的发生。参与活动的师生纷纷表示，这样的宣传听得懂、用得上，非常实用，深刻了解了网络电信诈骗的危害，构筑起不轻信电信诈骗、不贪图小便宜的思想防线，确实在提高自身防范意识方面受益匪浅。

（4）2017 年 6 月，桃城公安分局刑警大队联合市反诈骗中心，到衡水学院为学校师生奉上了一场别开生面的防范电信网络诈骗宣传知识讲座。讲座中，市反诈骗中心大队长以案说法，通过实际案例向大家介绍电信网络诈骗的特点、惯用手法和预防、防范措施，内容贴近生活，浅显易懂。另外，还对学生经常遇到的诈骗类型进行了具体深入分析，告诉大家怎样识别骗局，避免上当受骗。

第三节　争当防范电信网络诈骗志愿者

2014 年 6 月 9 日，如皋防电信网络诈骗志愿者联盟正式成立，这是江苏首个防电信网络诈骗志愿者队伍。来自银行、电信、移动、联通等部门、单位的 121 位人士成为该联盟的首批志愿者。他们向群众发放防电信网络诈骗宣传资料，开展防电信网络诈骗宣传；对疑似受到电信网络诈骗准备汇款的群众开展宣传工作，劝阻汇款行为；协助被骗汇款的群众报警，开展紧急止损工作；通过在微信圈转发防骗信息，扩大宣传面。大学生作为祖国未来的中坚力量，更应该在志愿服务当中贡献自己的一份力量。

在我国，志愿者行动拥有悠久的传统，2008 年北京奥运会的成功举办离不开广大志愿者的付出与努力。汶川地震、玉树地震期间，一批批志愿者深入灾区，有效协助政府开展救灾行动。目前，在各类大型活动中都能看到志

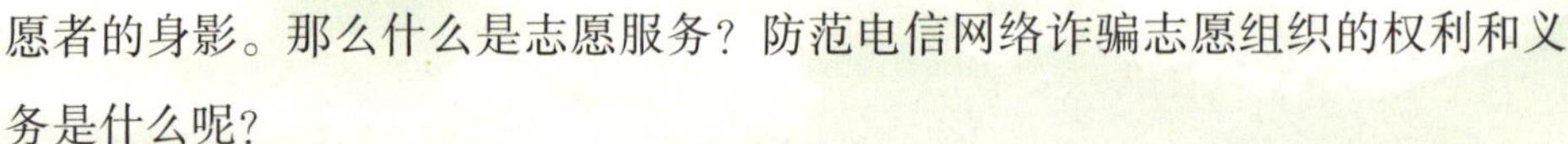

愿者的身影。那么什么是志愿服务？防范电信网络诈骗志愿组织的权利和义务是什么呢？

一、我国青年志愿者行动

志愿服务是文明社会不可缺少的组成部分，是指社会成员自愿贡献个人的时间和精力，不享受任何物质报酬，为推动人类发展、社会进步和社会福利事业而提供服务的活动。志愿服务是世界人道主义援助计划、技术合作、改善人权、促进民主与和平的重要组成部分，渗透于消除文盲、免疫和环境保护等诸多社会运动领域。

青年志愿者行动是我国志愿者服务的主要内容，是体现中华民族助人为乐和扶贫济困传统美德的高尚事业。1993 年底，共青团中央决定实施中国青年志愿者行动，并于 1994 年 12 月 5 日成立了中国青年志愿者协会。随后，青年志愿者行动迅速在全国展开，青年志愿者行动不断发展，志愿服务的领域不断扩大，志愿者队伍日益壮大。1998 年 8 月，团中央青年志愿者行动指导中心成立，负责规划、协调、指导全团的青年志愿服务工作。

志愿服务正在成为新的社会风尚，志愿者行动符合时代发展的潮流，符合人民群众的需要，蕴藏着巨大的发展潜力，呈现出旺盛的生命力和广阔的发展前景，是发展社会主义市场经济中一项生机勃勃的事业，许多青年和社会各界群众正积极加入志愿者行列。

志愿者行动在全社会弘扬“奉献、友爱、互助、进步”的志愿者精神，倡导时代新风正气，致力于建立互助友爱的人际关系和良好的社会公德，推动社会主义精神文明建设；致力于帮助有特殊困难的社会成员，推动社会保障体系的建立和完善；致力于消除贫困和落后，消灭公害和环境污染，普及科学文化知识，促进经济社会协调发展和全面进步；立足于社会关注、党政关心、青年能为的社会公益事业，是动员和组织青年参加社会主义精神文明建设的有效载体。

二、积极建立防范电信网络诈骗志愿组织

2014 年 6 月 9 日，由如皋市委宣传部、共青团市委、如皋市公安局和如皋市见义勇为基金会联合举办的“全民动员共防电信网络诈骗”大型户外公益活动暨“如皋防诈骗志愿者”成立仪式在如皋城区安定广场拉开帷幕。活动中，如皋市广播电台的主持人们作为防电信网络诈骗志愿者表演了情景短剧《猜猜我是谁》《“安全账户”不安全》《网上贷款》，由民警对剧中的诈骗手段进行解读，并为成功堵截电信网络诈骗的见义勇为银行员工张亚飞、洪玲玲等 50 人颁奖。活动当天，来自银行、电信、移动、联通等行业的志愿者和市团员、青年志愿者积极踊跃报名加入防范电信网络诈骗志愿者联盟，现场共招募了 121 名防电信网络诈骗志愿者。同时，为了吸收更多志愿者加入联盟，如皋警方还在如皋市公安局官网、新浪微博和如皋市志愿服务网等网络平台设立了网上报名系统，并开通了“如皋防诈骗志愿者联盟”微信公众号。志愿者最主要的工作，就是向群众发放防电信网络诈骗宣传资料，开展防电信网络诈骗宣传；对疑似受到电信网络诈骗准备汇款的群众开展宣传工作、劝阻汇款行为；协助被骗汇款的群众报警，开展紧急止损工作。如皋市公安局副政委郑云娟介绍，只要是年龄在 18 至 65 周岁之间，身体健康，有相对固定的志愿服务时间，有较强的社会责任感和荣誉感的群众，都可以申请加入“防电信网络诈骗志愿联盟”。同时，如皋市公安局也为参加服务的志愿者提供培训、防范宣传资料以及防电信网络诈骗志愿活动标志，并通过“如皋反诈骗志愿者联盟”微信平台定期推送防骗技巧，让志愿者深入了解电信网络诈骗手段特点及最新骗术，并接受诈骗信息举报和甄别。志愿者

可通过在微信圈转发防骗信息，扩大宣传面，达到口口相传的目的。

现今，类似的志愿组织正在逐渐增多，每一名群众都应积极地参加到防范电信网络诈骗的志愿服务当中。同时，防范电信网络诈骗志愿组织也应像禁毒志愿组织那样，规划好每一名志愿者的权利和义务。以下是根据其他志愿组织权利和义务进行的相应的规划。

（一）防范电信网络诈骗志愿者的权利

（1）参加有关防范电信网络诈骗志愿服务活动的权利。

（2）接受防范电信网络诈骗方面知识的教育和培训的权利。

（3）提供防范电信网络诈骗志愿服务时要求组织提供必要的物质保障和安全保障的权利。

（4）对防范电信网络诈骗志愿者组织提出批评、建议和意见并进行监督的权利。

（5）请求防范电信网络诈骗志愿者组织帮助解决在志愿服务活动中遇到的及时困难和问题的权利。

（6）有困难时优先获得志愿服务的权利。

（7）要求防范电信网络诈骗志愿者组织维护青年志愿者自身合法权益的权利。

（8）获得防范电信网络诈骗志愿者组织奖励的权利。

（9）退出防范电信网络诈骗志愿者组织的权利。

（10）防范电信网络诈骗志愿者组织规定的其他权利。

（二）防范电信网络诈骗志愿者的义务

（1）履行防范电信网络诈骗志愿服务承诺。

（2）遵守国家法律法规和防范电信网络诈骗志愿者的章程及其他制度。

（3）参加防范电信网络诈骗志愿者组织安排的志愿服务活动。

（4）不损害被服务者的合法权益。

（5）不以防范电信网络诈骗志愿者的身份从事营利性或违背社会公德的活动。

（6）维护防范电信网络诈骗志愿者组织和防范电信网络诈骗青年志愿者的声誉和形象。

（7）每年参加不少于规定小时防范电信网络诈骗志愿服务活动。

（8）奉行中国青年志愿者奉献、友爱、互助、进步的原则。

（9）相关法律法规及团组织、志愿者组织规定的其他义务。

三、大学生志愿组织现状及改进对策

（一）大学生志愿者活动现状及存在问题

1　开始时间较晚，但存在良好发展趋势

真正意义的志愿服务活动在我国起步是比较晚的，大约只有十几年的时间，但目前中国已经拥有一支超过5500万的注册志愿者大军，其中主要包括逾2600万名社区服务志愿者和超过2900万名青年志愿者。自从2008年以来，由于连续举办大型活动以及接连出现的自然灾害，中国的志愿服务进入了一个新的阶段。2008年被成为中国志愿者服务元年：5·12大地震和北京奥运会见证了中国全民参与志愿服务时代的来临。在调查中，其中参加过志愿者活动的大学生约占57.1%；还有约42.9%的同学虽没有参加过任何的志愿者活动，但是表示希望能够参与志愿者活动的同学高达87.5%。

2 管理沟通不畅，凝聚力不佳

目前在各大高校中，志愿者的管理整体上是比较松散的，极少有固定组织对志愿者进行有效管理，在参与志愿者服务的同学中，只有15.6%的调查对象目前是参加志愿者组织的，而参与志愿者组织的同学中只有37.5%的人表示受到了志愿者服务相关方面的培训和指导，只有34.4%的同学表示组织内的交流和沟通很多，更有78.1%的同学表示对于参加的组织的基本情况其实并不了解。可以说，目前高校的志愿者队伍的管理很大一部分处于“需要就找，用时才管，完事就了”的状态，没有明确志愿者发挥作用的主要领域和方式，缺乏对志愿者的长期有效的管理，没有建立从招募、登记、日常管理到保障、激励的制度，无章可循，方式单调，不利于形成相对稳定的队伍，不利于调动志愿者的积极性，制约了进一步的发展。

3 志愿者保障机制缺失

虽然志愿服务的特点是无偿、公益、自愿，但是当个人参与一项志愿服务时，绝不是一次性的和不计后果的。在我国，志愿者活动的经费缺乏保障，致使许多有益的活动只能开展几次，不能长久坚持，给人以走形式的印象。

4 志愿者奖励机制不完善

当前，在大学生志愿服务激励机制方面还存在不少问题，制约了大学生志愿服务的发展。“尽己所能，不计报酬，帮助他人，服务社会”的志愿者精神提倡的是无私奉献，不求回报，这样的雷峰精神如今受到荣誉激励的挑战。大学生志愿者中有的有始无终地不断开发新项目；有的哗众取宠地与媒体联系，大肆报道所谓的志愿者服务；有的在评比先进时与评委拉关系。真正无私奉献的精神被荣誉和赞扬的利益所替代，违背了志愿者的初衷和真正的志愿者的内在需求。这些问题的发生，其根源在于许多高校没有建立和完

善合理、优化的大学生志愿服务激励机制。

（二）大学生志愿活动改进的对策

1 加强对大学生志愿者组织的管理，提高服务的技能

（1）加强大学生志愿者队伍的组织管理和志愿服务活动的普及。我们鼓励广大青年学生加入志愿者组织，但成员进入组织要有标准，加入组织后要约束，有要求，可以建立个人档案进行考评。志愿者活动要有明确目标，制定社团发展的规划。

（2）加强学校与学校、学校与社区的联系，整合力量。其一，大学生青年志愿者应注意加强横向联系，结合专业，互相补充，走专业化、专门化道路。其二，加强与社区志愿者的联系，及时了解社会所需、居民所急，充分利用高校人才、技术优势，更好地为社会服务。比如，上海世博会的青年志愿者，大多数来自上海的各大高校，为上海世博会立下了汗马功劳。

（3）加强对大学生志愿者的技能培训。首先，各高校团委可以根据不同的社团，确定不同的服务形式和内容。每个志愿者组织掌握一至两门专业服务技能，提高服务的效率和服务的质量。第二，开展相应的培训，首先是基础性的培训，使志愿者懂得怎样才能成为一名合格的志愿者；其次是专业性的培训。一些大型活动，不进行培训，志愿者不能有效承担志愿服务工作。另外，大学生青年志愿者组织应有专门的指导老师，定期开设讲座，开展服务，不同社团间可以定期召开工作研讨会，交流工作经验。

2 完善大学生志愿者工作的保障机制，确保志愿活动顺利健康开展

完善大学生志愿者工作的保障机制可以通过以下途径来解决。第一，随着志愿服务的面越来越广，质量也不断提高，故对于一些服务不能实行完全

意义上的义务，尤其是一些需要原材料和器具支持的服务项目，例如维修、培训等，在没有经费来源的情况下可以适当收取成本费和损耗费，以维持活动长久地开展下去。第二，按照一定的程序，在校内建立“志愿者基金”。

3 完善大学生志愿者服务的激励机制

激励机制的核心是激发主体的内在需求。大学生志愿服务的激励机制应该以诱发大学生遵循服务社会、关爱他人、和谐共生的价值道德为主体。

（1）加强正面引导，激发大学生志愿者的精神需求。大学生是青年中的佼佼者，有着强烈的上进心和荣誉感，我们要加强正面宣传，通过表彰大会、先进事迹报告会等形式树立典型、弘扬先进。同时，对大学生志愿者进行正确的行为引导，进一步激发大学生志愿者的服务意识，使个人价值观与社会价值观得到有机的统一。

（2）加强规范管理，落实大学生志愿者服务的实施条例。在对大学生志愿者服务的组织管理中，各高校团委和学生工作部门要制订符合学校自身实际情况的实施条例和意见。在制订时应将大学生志愿者的进入条件、服务项目、基地设立、经费落实和管理、奖惩条例、评价机制等做详尽的规定。在执行实施意见或条例时要做到公开、公正，统一标准，保证大学生志愿者服务活动有章可循、有序开展。

（3）加强实践研究，建立大学生志愿服务的长效机制。大学生志愿服务是社会主义精神文明的具体体现，是对大学生进行社会主义核心价值体系教育的有力平台。要加强跟踪调查，深入大学生志愿者服务的实践基地进行走访，采集第一手资料，总结有效的经验和方法，同时对所存在的问题进行研究，制订出切实长效的激励机制，使大学生志愿服务成为大学生生活中日常的行为，使志愿者精神深入大学生的内心世界，内化为他们的核心价值观，从而激发他们为国家和民族振兴而奋斗的责任感和使命感。

全民打击电信网络诈骗

进入 21 世纪，中国的金融业和互联网技术迎来了蓬勃发展的黄金期，为广大人民群众的生活提供了极大的便利，促进了社会进步和发展，但与此同时，一些不法分子钻空子、打擦边球，从事电信网络诈骗，损害了人民群众的财产和生命安全，动摇了社会的稳定。相应地，与电信网络诈骗的斗争也随之展开。

从规模化的反电信网络诈骗历程来看，基本可分为三个阶段：各自为战阶段、联合出击阶段、全民行动阶段。2015 年以前，基本上是公安机关每接到一起案件就处理一起，随后运行商、银行也陆续加入反电信网络诈骗行

列，属于相对比较被动的各自为战阶段。2015年6月，经国务院批准，公安部、工信部、最高法院等23个部门和单位，联合建立组成打击治理电信网络新型违法犯罪工作部际联席会议制度，全国掀起大规模的联合行动，正式进入联合出击阶段。也是在这个阶段，《网络安全法》《关于办理电信网络诈骗等刑事案件适用法律若干问题的意见》等法律法规出台，为打击诈骗提供法律武器；一些互联网企业也加入其中，为打击电信网络诈骗提供技术支持。2017年第二季度《电信网络诈骗大数据季度报告》指出，电信网络诈骗正在呈现团队化、技术化、潮流化趋势，黑客攻击、AI技术破解、手机病毒勒索等技术手段，以及公众号、网络直播、“王者荣耀”等热门领域，都有诈骗分子的身影，诈骗技术手段更加高明和隐蔽，破获难度越来越大，而且全民反诈骗意识还比较低。联合出击解决了不少重案大案、系列案件，但对于全国性的牛皮癣式的电信网络诈骗形势，起到的作用仍然有限。从美国和日本的经验来看，立法是根基，联合打击是重要手段，但全民意识提高与行动才是反诈骗最有效的方式。国内在立法与联合打击上已经形成良好基础，下一步将是全民行动。

一、媒体宣传教育

在这个互联网时代，人人有手机，大家通过上网、玩微信等，及时了解社会动态信息。因此，相较于组织讲座、散发传单、布置宣传板，现代媒体的宣传更加便捷、省时、有效。

1 媒体揭露电信网络诈骗的套路

互联网时代，足不出户便可知天下，正是得益于媒体。手机、电视、互联网、广播、报纸要积极揭露电信网络诈骗的套路、招数，告知人民群众如何辨别骗局，如何防骗。笔者认为，相较于耗时、费力、难于组织的宣传讲座，现代媒体的宣传报道，效果更加显著。

例如，新浪、搜狐、网易等知名网站上都曾发文或转载相关文章；各大电视台，包括央视、各地方电视台以及爱奇艺、腾讯等平台都制作过有关识破电信网络诈骗招数的视频节目；微博上、微信上有关视频、文章更是实时更新，分析入骨三分，给人民群众以警示作用。可以想见，这种时时响彻耳边，刻刻现于眼前的鲜活事例，定能起到警醒作用。

2 媒体号召全民参与反电信网络诈骗的行动

反电信网络诈骗行动起始于电信网络诈骗的出现，多年来虽破获多起诈骗案件，但仍收效甚微，这与人民群众的参与程度不高有极大的关系。打击电信网络诈骗要积极依靠人民群众，而媒体正是发动群众的有效媒介。通过媒体，积极宣传群众参与反电信网络诈骗的有效渠道，从而使群众拥有一双识破骗局的火眼金睛，这样，反诈骗行动才能够事半功倍。

3 媒体监督相关部门的履职情况

打击电信网络诈骗需要多部门联动，各个部门都必须履职尽责，织密反诈骗网络。是否能够尽职尽责地履行职责，需要部门内的监督、各部门间的相互监督，同时，域外的有效监督也极为重要。媒体作为有效的独立监督平台，肩负着发现问题、揭露问题本质、建言献策的重任。

例如，就徐玉玉被骗猝死案的处理结果，曾有媒体发声：打击电信网络诈骗别只抓骗子，还要处理运营商。晶苏传媒首席分析师蔡恩泽指出：“从商业运作看，骗子打成千上万个电话才能有一次诈骗成功，电话费落入电信运营商的腰包。于情于理，运营商也须为电信网络诈骗担责。如果电信运营商对那些作案频繁的号段采取一些技术监管手段，也能避免频繁的电信网络诈骗案。而电信运营的不作为，在无实名制的号段让骗子乘虚而入就是失职。从逻辑推理上讲，打击电信网络诈骗不应止步于几个骗子。”目前，一些运营商已警醒起来，通过人脸识别、联网审核身份证等方式查堵漏洞，取得了一些成效。这既是慑于媒体压力和为了规避未来的法律风险，但也起到了打击电信网络诈骗的作用，值得称道。

二、群众举报平台

积极开展防范电信网络诈骗教育的目的，就在于提高广大人民群众的防范意识，防止受骗；促使广大人民群众积极协助公安机关打击电信网络诈骗，及时举报诈骗行为。那么，当前已经建立了哪些电信网络诈骗举报平台呢？笔者将对主要的举报平台进行介绍。

1 网络违法犯罪举报网站

网络违法犯罪举报网站（http: //www.cyberpolice.cn/）是由公安部网络安全局负责，面向所有人，用于举报网络违法犯罪的网站，它分为“首页”“我要举报”“举报须知”“法律法规”“曝光栏”“信息公告”“工作动态”“安全提示”等栏目。“首页”界面是对所有其他界面的汇总，浏览用户可以在首页进入其余各个栏目；“我要举报”界面为注册用户与非注册用户对违法犯罪举报的入口；“举报须知”界面使用户举报前，对受理范围、举报流程、结果查询、隐私保护等相关信息有一定的了解；“法律法规”界面方便用户查询相关的法律法规；“曝光栏”界面是对相应举报情况的通报；“信息公告”界面是对每月处理情况的公示；“工作动态”界面是展示公安部分近期工作的情况；“安全提示”界面是防范违法犯罪的相关知识和注意事项。

2 12321网络不良与垃圾信息举报受理中心

12321网络不良与垃圾信息举报受理中心为中国互联网协会受工业和信息化部（原信息产业部）委托设立的举报受理机构，负责协助工业和信息化

部承担关于互联网、移动电话网、固定电话网等各种形式信息通信网络及电信业务中不良与垃圾信息内容（包括电信企业向用户发送的虚假宣传信息）的举报受理、调查分析以及查处工作。它的工作职责为接收社会各界关于网络不良与垃圾信息的举报；对举报所反映的问题进行核查、统计和分析，并报送有关政府部门；监督基础运营商等相关电信企业的网络不良与垃圾信息用户投诉举报受理工作；协助有关政府部门依法查处被举报的网络不良与垃圾信息；统计、公布网络不良与垃圾信息的处理结果；工业部委托交办的其他事项。它的受理范围为利用互联网网站、论坛、电子邮件、即时消息、博客等传播、发送的不良与垃圾信息；利用短信、彩信、彩铃、WAP、IVR、手机游戏（含小灵通）等传播、发送的不良与垃圾信息；利用电话、传真等传播、发送的不良与垃圾信息；借助其他信息通信网络或者电信业务传播、发送的不良与垃圾信息。12321 电话受理时间为周一至周五 8:30 至 17:30。

3 猎网平台

猎网平台于2015年5月12日由北京市公安局网络安全保卫总队和360互联网安全中心联合发起成立。猎网平台是一个面向全体网民开放的网络诈骗信息举报平台，平台致力于建设一个警、企、民联动的反网络诈骗信息系统，充分结合公安机关的刑侦能力、360的云安全技术与全国网民的举报线索，实现诈骗风险的第一时间发现、诈骗行为的第一时间阻拦和诈骗犯罪的第一时间打击。网民不仅可以通过猎网平台向公安机关和360互联网安全中心举报恶意程序、恶意网址、诈骗电话、诈骗账户等诈骗信息，同时还可以通过文字、图片、录音、影像等多种方式向平台举报自己被骗的经过和犯罪分子的详细信息。

三、企业技术护航

电信网络诈骗从21世纪初开始出现，经过多年的发展，手段不断增多，规模不断扩大，具有如下一些新的特点。

利用人性弱点的场景化诈骗，更具隐蔽诱惑性

近年来，随着互联网的快速发展，人们对互联网的依赖程度逐步加深，电信网络诈骗也不断变化诈骗方式，设计各种场景，利用人性弱点，将诈骗犯罪行为包装得更隐蔽、更具诱惑性。例如破获的“云在指尖”特大网络传销案，就打着“微商”“全新商业模式”等旗号，通过“收入门费”“团队计酬”“拉人头”的混合传销模式实施非法欺诈行为；而“民族资产解冻”慈善诈骗案中，更是将传统的老骗局通过互联网手段进行新演变，成为一种新型集返利、传销与诈骗为一体的混合形式犯罪，以人性弱点作为实施诈骗的切入点。

新技术包装下的“精准诈骗”，让安全形势更复杂多样

随着云计算、大数据等新技术应用的增加，利用技术手段实施“精准诈骗”也成为了犯罪分子重要的作案手段之一。例如，在“伏地虫”特大手机木马传播案中，犯罪团伙自建专业木马推广平台，将手机木马程序植入到其他APP程序中再上传至平台进行大规模推广；而“果然叼”微信外挂案中，犯罪团伙自己开发外挂程序实施违法犯罪行为，技术背景“实力雄厚”。此外，BT天堂影视侵权案中，由于采用的P2P及磁力下载技术为分散式传播模式，为打击侵权盗版带来了难度。但这一案件的侦破，有力震慑了影视盗版行为，进一步净化了国内网络空间及版权环境。

分工协作的黑产链式诈骗，加剧了反诈骗打击难度

在诈骗技术手段“更新换代”的同时，另一个更显著的特点在于形成了上下游产业“分工协作”的发展态势，更有加速向全球蔓延、跨越国界实施诈骗的趋势。

针对电信网络诈骗，团伙犯罪痕迹十分明显

在“重庆 1·1 特大伪基站诈骗案”“贵州 1.17 亿特大电信网络诈骗案”“无锡特大侵犯公民个人信息案”“重庆特大红包赌博案”“支付二维码系列诈骗案”等案件中，犯罪团伙更是跨越十多个省市，为实施抓捕行为带来了很大的难度。其中，“重庆 1·1 特大伪基站诈骗案”与“支付二维码系列诈骗案”更兼具团伙犯罪与技术实力于一体，实现了信息盗取、犯罪实施、洗钱等黑色产业的全流程作业，且环环相扣、互相协作，每个环节均独立秘密运作，加大了打击难度。

因此，针对上述特点，越来越多的企业为反诈骗行动提供技术支持，协助警方破案，打击电信网络诈骗。

1 腾讯安全技术＋数据双驱动，全力推进反诈骗“共治模式”

采用新技术“包装”的新型诈骗让人们面对的安全形势更加复杂、多样，且变化快速，这就必然对反诈骗的安全技术提出了更高的要求。因此，“共治模式”以数据为驱动，实际上就是利用过往反诈骗累积的技术实力、经验，以及大数据分析，精准打击电信网络诈骗行为。

据腾讯副总裁丁珂介绍，腾讯成立之初就开始在安全领域投入，已经累计了海量安全数据和自研杀毒引擎等核心技术。目前，腾讯已经向合作伙伴开放与共享了这些技术和数据，为辅助公安、运营商、银行等政府与企业打击诈骗犯罪行为，提供了强有力的技术与数据支撑。据悉，腾讯联合反电信网络诈骗产业各方推出的“守护者计划”，以“三步走”的节奏推进反电信网络诈骗向纵深发展，即腾讯基于技术和大数据，联合业内专家建立反电信

网络诈骗平台，推动反诈骗研究和技术孵化工作；基于开放的大数据和智能反诈骗产品推动产业链合作，建立全场景防御体系；配合公安部等主管部门推动由政府主导的协作体系，将反诈骗生态推进“最后一公里”。

据了解，近年来，腾讯依托海量用户和17年的安全防护经验，凭借强大的技术能力与资源、资金投入，已率先联手银行、警方、运营商、手机厂商、电子市场、安全厂商等产业链上110多家企事业单位联合开展腾讯雷霆行动、反信息诈骗联盟、移动支付安全联合守护计划等五大安全联盟，护航全产业安全生态链。

同时，为了更精准地打击电信网络诈骗，腾讯还打造了全国最大的反诈骗数据库，并通过120余家合作伙伴平台每日为网民提供超过30亿次恶意风险提醒，为网民和各行业反欺诈提供强力保障。

此外，麒麟伪基站实时检测系统、鹰眼智能反电话诈骗盒子等技术与推广方案的实施，更是串联起公安、银行、互联网企业、运营商、网民五大闭环，通过技术与数据共享，做到了事前最大程度遏制诈骗行为的发生，事后协助警方破案，形成了反诈骗全产业链生态防御体系。腾讯还发布了新一代大数据产品——反钓鱼系统，该系统基于大数据分析和机器学习能力，可有效检测识别包含钓鱼、欺诈、木马病毒的恶意网址，保护用户上网安全。

2 360互联网信息中心助力公安系统建立猎网平台

前面介绍的猎网平台，是为进一步全面打击网络诈骗犯罪，增强网民防骗意识，由北京市公安局和360联合发起成立。猎网平台实现从线上到线下全面封锁诈骗入口，从前期预防到后期赔付，尽力将网民损失降到最低。同时，猎网平台已开通“猎网追踪”功能，向各地公安机关和网民全面开放检索功能，可以对可疑的手机号、网址、QQ号码进行查询，检索欺诈信息。截至目前，广东、浙江、福建、河南、河北、山东、内蒙古、辽宁、云南、重庆、贵州等地的网安部门已经接入猎网追踪接口。

此外，猎网平台还将接入“网购先赔”服务。用户在首页导航栏、举报页面及举报成功界面均可找到“先行赔付”的入口，在举报的同时可直接申请理赔，既减少了用户填写理赔信息的步骤，同时也给更多符合赔付标准的用户提供便利。

3 蚂蚁金服协助警方打击跨境电信网络诈骗

近年来，公安部刑侦局与蚂蚁金服安全部、阿里巴巴安全部等企业展开密切合作，利用企业的科技、计算能力以及打击互联网黑产经验，警企合作、社会共治共同打击电信网络诈骗。

针对个人信息贩卖、电信网络诈骗及黑灰产行为研究，蚂蚁神盾局通过日常风险监控模型对电信网络诈骗、买卖个人信息黑产进行持续监控，进一步提升识别率及精准率。

蚂蚁神盾局相关负责人表示：“我们希望通过技术实现信息整合，充分发挥蚂蚁神盾局多年来的黑产对抗经验以及海量数据优势，警企合作让 1+1>2，真正保护公民个人信息、资金安全。”

四、全民打击电信网络诈骗的成功案例

1 警企联合，“腾讯模式”初见成效

2016 年 12 月 14 日，在国务院打击治理电信网络新型违法犯罪工作部际联席会议办公室的指导下，由公安部刑侦局、腾讯主办的“守护者反电信网络诈骗联合大会”在北京举行。来自公安部、银行、运营商及互联网企业等反诈骗领域的多方力量汇聚一堂，探讨在新形势下如何推动“共治模式”进

程，聚合产业链力量从根本上打击电信网络诈骗犯罪行为，维护亿万用户安全。

会上，腾讯守护者计划安全团队公布了2016年在公安部“打击治理电信网络新型违法犯罪专项行动”中，协助警方破获的十大经典案件。这些特大案件的破获，意味着作为“共治模式”初步探索的“腾讯模式”初见成效。据了解，这种“共治模式”串联起公安、银行、运营商、互联网企业、网民五大闭环，以数据为驱动，通过全行业联合、职能联动形成反诈骗闭环，利用生态力量共抗黑产。

面对成熟且庞大的黑色产业链，任何企业和机构的力量都是有限的。这就意味着只有联合产业链的安全力量，各产业链成员充分发挥自身优势，补齐每一个漏洞，才能有效防御和打击电信网络诈骗犯罪行为。因此，“共治模式”必然需要打破行业间的隔阂，各参与方因角色的不同而承担不同的职责，联防联治、开放合作，形成跨企业、跨行业、跨地域的反电信网络诈骗生态，以产业链对抗产业链。

十大案件的侦破是“共治模式”治理电信网络诈骗的有效尝试，也是“共治模式”发挥效应的典型代表，但这并非意味着“共治模式”的发展将一帆风顺。

事实上，“共治模式”要想发挥效应，除了技术与数据共享、全产业链深度联合等方面的要求外，更需要一个常态化的交流协作平台，保障“共治模式”的落地生根。然而，这种更深层次、系统、全面的“共治”，遭遇到商业风险层面的顾虑、利益考量等方面的问题时，很容易降低部分参与方的积极性。

因此，马化腾在大会上呼吁，运营商、银行、网络服务商等有大量数据的企业，可以通过大数据的方式，与这些黑产分子对抗，并建议由国家牵头搭建具有公信力的第三方平台，大家把各自的数据放心地放在里面进行处理。因为，今天的网络对抗不是一方的问题，也不是一个企业能够应对的，腾讯希望以这种共治的方式，大家一起把能力贡献出来。有更多的勇气和创新的精神，为全球网络安全治理贡献一个具有借鉴意义的中国样本。

2 警企联合，打击跨境电信网络诈骗

2017 年 8 月 5 日上午，首次执行中国与斐济直航的南航包机航班抵达长春龙嘉国际机场，将 77 名涉嫌电信网络诈骗犯罪嫌疑人由南太平洋岛国斐济共和国押解回国。这是我国首次从大洋洲大规模押回电信网络诈骗犯罪嫌疑人。至此，922 部督跨国电信网络诈骗案件宣布告破。该起专案的破获背后得益于警企合作、技术能力的充分运用，让企业的技术能力、大数据实战最大程度赋能社会治理，让每个公民都能从中获益。蚂蚁金服安全部（昵称蚂蚁神盾局）利用先进风控技术及技算能力主动出击，在公安部、吉林省公

安厅指挥下，协助警方成功将这一个跨境特大电信网络诈骗链条摧毁，境内外一网打尽。

2016 年 9 月 22 日，吉林省长白县发生一起电信网络诈骗案，受害人许某被不法分子通过虚假“投注博彩”网站诈骗人民币 130 余万元，后精神崩溃跳楼自杀。吉林警方接报后，立刻联动各警种启动合成作战机制，经循线追踪，很快锁定了该案犯罪窝点位于大洋洲斐济境内，并涉及全国多地的其他电信网络诈骗案件50余起，涉案金额600余万元。经过近10个月深度经营、扩线侦查，专案组将藏匿于国内吉林、广东、广西、湖北等地和境外斐济共和国、印度尼西亚的犯罪窝点和涉案人员信息、涉案线索、业务分工、收益分配等情况全部查清。

这个以“网络赌博黑彩”为手段的庞大电信网络诈骗团伙实行团队化管

理，呈金字塔式发展，组织架构严密，涉案人员众多。其通过搭建所谓赌博网站，诱惑、拉拢被害人参与其中，然后通过技术手段大肆骗取、侵吞被害人的钱款。“这些人有一定的技术能力和反侦查意识，每次作案后都会对自己的行踪进行隐藏和清理。”白山市公安局相关负责人说。

蚂蚁神盾局相关负责人表示，这起案件破获后，警企之间利用大数据精准打击、防控能力建设的积极尝试，更是“互联网＋警务”深化合作的突出成果。

3 警民企联合，侦破百余网络诈骗大案

从猎网平台获悉，该平台成立两年来，已协助侦破 100 多起重大案件。

据介绍，平台集公安机关的刑侦优势与互联网企业的平台优势于一身，面向全国网民提供网络诈骗举报服务。举报不设金额地域限制，即使一元被骗，也能举报。猎网平台可以通过视频、音频、图片及文字等多种方式接受举报，从而全面收集犯罪分子信息，同时利用 360 的大数据分析能力，将举报线索进行串并，所有信息直接同步公安机关。

截至目前，猎网平台已与全国 200 多个地区的公安机关建立联系，协助侦破 100 多起重大网络诈骗犯罪案件，涉案金额为 1.7 亿元，打掉了 10 余个组织严密、分工明确的大型诈骗团伙。

猎网平台同时也对广大网民积极进行网络安全教育，提高其防骗意识，同时平台向网民公开黑名单，网民遇到不能判定的诈骗信息还可以咨询查证。自成立以来，平台还公开发布了各类电信网络诈骗研究报告 30 余份，拍摄各类反诈骗宣传片 50 余部。

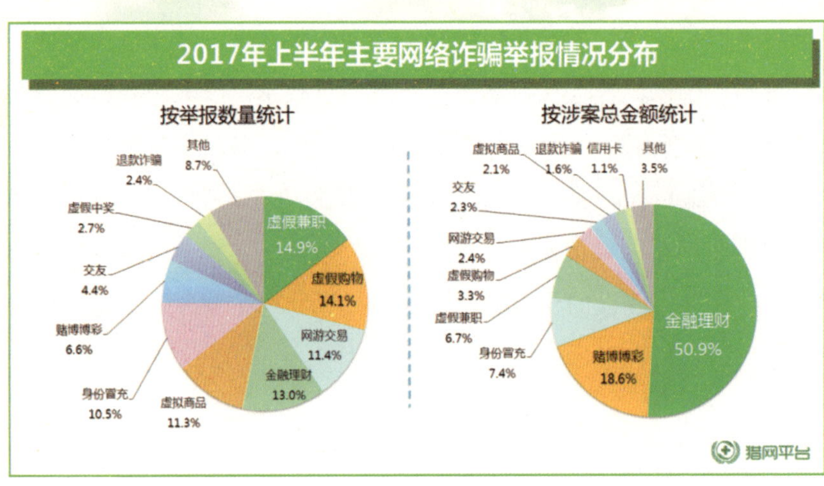

由此可见，通过猎网平台，人民群众积极举报诈骗案件，有力地协助了警方的侦破工作。猎网平台也成为警民企联合打击电信网络诈骗的成功典范。

第四章　知晓法律法规

从徐玉玉遭遇电信网络诈骗致死后，大学生受骗的案件引起社会强烈的关注。犯罪分子的诈骗行为不仅给学生本人和家庭带来了经济损失，同时给大学生带来的精神损失和心理阴影的隐患可能会更大。同学们应加强自我安全防范意识和识骗能力，普及、宣传相关法律法规知识，提高法律认识，能够以法律武器防范、应对电信网络诈骗。

第一节　反电信网络诈骗之责任

《全国人民代表大会常务委员会关于加强网络信息保护的决定》

（2012年12月28日第十一届全国人民代表大会常务委员会第三十次会议通过）

为了保护网络信息安全，保障公民、法人和其他组织的合法权益，维护国家安全和社会公共利益，特作如下决定：

一、国家保护能够识别公民个人身份和涉及公民个人隐私的电子信息。

任何组织和个人不得窃取或者以其他非法方式获取公民个人电子信息，不得出售或者非法向他人提供公民个人电子信息。

二、网络服务提供者和其他企业事业单位在业务活动中收集、使用公民个人电子信息，应当遵循合法、正当、必要的原则，明示收集、使用信息的目的、方式和范围，并经被收集者同意，不得违反法律、法规的规定和双方的约定收集、使用信息。

网络服务提供者和其他企业事业单位收集、使用公民个人电子信息，应当公开其收集、使用规则。

三、网络服务提供者和其他企业事业单位及其工作人员对在业务活动中收集的公民个人电子信息必须严格保密，不得泄露、篡改、毁损，不得出售或者非法向他人提供。

四、网络服务提供者和其他企业事业单位应当采取技术措施和其他必要措施，确保信息安全，防止在业务活动中收集的公民个人电子信息泄露、毁损、丢失。在发生或者可能发生信息泄露、毁损、丢失的情况时，应当立即采取补救措施。

五、网络服务提供者应当加强对其用户发布的信息的管理，发现法律、法规禁止发布或者传输的信息的，应当立即停止传输该信息，采取消除等处置措施，保存有关记录，并向有关主管部门报告。

六、网络服务提供者为用户办理网站接入服务，办理固定电话、移动电话等入网手续，或者为用户提供信息发布服务，应当在与用户签订协议或者确认提供服务时，要求用户提供真实身份信息。

七、任何组织和个人未经电子信息接收者同意或者请求，或者电子信息接收者明确表示拒绝的，不得向其固定电话、移动电话或者个人电子邮箱发送商业性电子信息。

八、公民发现泄露个人身份、散布个人隐私等侵害其合法权益的网络信息，或者受到商业性电子信息侵扰的，有权要求网络服务提供者删除有关信息或者采取其他必要措施予以制止。

九、任何组织和个人对窃取或者以其他非法方式获取、出售或者非法向他人提供公民个人电子信息的违法犯罪行为以及其他网络信息违法犯罪行为，有权向有关主管部门举报、控告；接到举报、控告的部门应当依法及时处理。被侵权人可以依法提起诉讼。

十、有关主管部门应当在各自职权范围内依法履行职责，采取技术措施和其他必要措施，防范、制止和查处窃取或者以其他非法方式获取、出售或者非法向他人提供公民个人电子信息的违法犯罪行为以及其他网络信息违法犯罪行为。有关主管部门依法履行职责时，网络服务提供者应当予以配合，提供技术支持。

国家机关及其工作人员对在履行职责中知悉的公民个人电子信息应当予以保密，不得泄露、篡改、毁损，不得出售或者非法向他人提供。

十一、对有违反本决定行为的，依法给予警告、罚款、没收违法所得、吊销许可证或者取消备案、关闭网站、禁止有关责任人员从事网络服务业务等处罚，记入社会信用档案并予以公布；构成违反治安管理行为的，依法给予治安管理处罚。构成犯罪的，依法追究刑事责任。侵害他人民事权益的，依法承担民事责任。

十二、本决定自公布之日起施行。

《网络借贷信息中介机构业务活动管理暂行办法》

中国银行业监督管理委员会　中华人民共和国工业和信息化部

中华人民共和国公安部　国家互联网信息办公室令

2016 年第 1 号

为加强对网络借贷信息中介机构业务活动的监督管理，促进网络借贷行业健康发展，依据《中华人民共和国民法通则》《中华人民共和国公司法》《中华人民共和国合同法》等法律法规，中国银监会、工业和信息化部、公安部、国家互联网信息办公室制定了《网络借贷信息中介机构业务活动管理暂行办法》。经国务院批准，现予公布，自公布之日起施行。

第一章　总　则

第一条　为规范网络借贷信息中介机构业务活动，保护出借人、借款人、网络借贷信息中介机构及相关当事人合法权益，促进网络借贷行业健康发展，更好满足中小微企业和个人投融资需求，根据《关于促进互联网金融健康发展的指导意见》提出的总体要求和监管原则，依据《中华人民共和国民法通则》《中华人民共和国公司法》《中华人民共和国合同法》等法律法规，制定本办法。

第二条　在中国境内从事网络借贷信息中介业务活动，适用本办法，法律法规另有规定的除外。

本办法所称网络借贷是指个体和个体之间通过互联网平台实现的直接借贷。个体包含自然人、法人及其他组织。网络借贷信息中介机构是指依法设立，专门从事网络借贷信息中介业务活动的金融信息中介公司。该类机构以互联网为主要渠道，为借款人与出借人（即贷款人）实现直接借贷提供信息搜集、信息公布、资信评估、信息交互、借贷撮合等服务。

本办法所称地方金融监管部门是指各省级人民政府承担地方金融监管职责的部门。

第三条　网络借贷信息中介机构按照依法、诚信、自愿、公平的原则为借款人和出借人提供信息服务，维护出借人与借款人合法权益，不得提供增信服务，不得直接或间接归集资金，不得非法集资，不得损害国家利益和社会公共利益。

借款人与出借人遵循借贷自愿、诚实守信、责任自负、风险自担的原则承担借贷风险。网络借贷信息中介机构承担客观、真实、全面、及时进行信息披露的责任，不承担借贷违约风险。

第四条　按照《关于促进互联网金融健康发展的指导意见》中“鼓励创新、防范风险、趋利避害、健康发展”的总体要求和“依法监管、适度监管、分类监管、协同监管、创新监管”的监管原则，落实各方管理责任。国务院银行业监督管理机构及其派出机构负责制定网络借贷信息中介机构业务活动监督管理制度，并实施行为监管。各省级人民政府负责本辖区网络借贷信息中介机构的机构监管。工业和信息化部负责对网络借贷信息中介机构业务活动涉及的电信业务进行监管。公安部牵头负责对网络借贷信息中介机构的互联网服务进行安全监管，依法查处违反网络安全监管的违法违规活动，打击网络借贷涉及的金融犯罪及相关犯罪。国家互联网信息办公室负责对金融信息服务、互联网信息内容等业务进行监管。

第二章　备案管理

第五条　拟开展网络借贷信息中介服务的网络借贷信息中介机构及其分支机构，应当在领取营业执照后，于10个工作日以内携带有关材料向工商登记注册地地方金融监管部门备案登记。

地方金融监管部门负责为网络借贷信息中介机构办理备案登记。地方金融监管部门应当在网络借贷信息中介机构提交的备案登记材料齐备时予以受理，并在各省（区、市）规定的时限内完成备案登记手续。备案登记不构成对网络借贷信息中介机构经营能力、合规程度、资信状况的认可和评价。

地方金融监管部门有权根据本办法和相关监管规则对备案登记后的网络借贷信息中介机构进行评估分类，并及时将备案登记信息及分类结果在官方网站上公示。

网络借贷信息中介机构完成地方金融监管部门备案登记后，应当按照通信主管部门的相关规定申请相应的电信业务经营许可；未按规定申请电信业务经营许可的，不得开展网络借贷信息中介业务。

网络借贷信息中介机构备案登记、评估分类等具体细则另行制定。

第六条 开展网络借贷信息中介业务的机构，应当在经营范围中实质明确网络借贷信息中介，法律、行政法规另有规定的除外。

第七条 网络借贷信息中介机构备案登记事项发生变更的，应当在 5 个工作日以内向工商登记注册地地方金融监管部门报告并进行备案信息变更。

第八条 经备案的网络借贷信息中介机构拟终止网络借贷信息中介服务的，应当在终止业务前提前至少 10 个工作日，书面告知工商登记注册地地方金融监管部门，并办理备案注销。

经备案登记的网络借贷信息中介机构依法解散或者依法宣告破产的，除依法进行清算外，由工商登记注册地地方金融监管部门注销其备案。

第三章 业务规则与风险管理

第九条 网络借贷信息中介机构应当履行下列义务：

（一）依据法律法规及合同约定为出借人与借款人提供直接借贷信息的采集整理、甄别筛选、网上发布，以及资信评估、借贷撮合、融资咨询、在线争议解决等相关服务；

（二）对出借人与借款人的资格条件、信息的真实性、融资项目的真实性、合法性进行必要审核；

（三）采取措施防范欺诈行为，发现欺诈行为或其他损害出借人利益的情形，及时公告并终止相关网络借贷活动；

（四）持续开展网络借贷知识普及和风险教育活动，加强信息披露工作，引导出借人以小额分散的方式参与网络借贷，确保出借人充分知悉借贷风险；

（五）按照法律法规和网络借贷有关监管规定要求报送相关信息，其中网络借贷有关债权债务信息要及时向有关数据统计部门报送并登记；

（六）妥善保管出借人与借款人的资料和交易信息，不得删除、篡改，不得非法买卖、泄露出借人与借款人的基本信息和交易信息；

（七）依法履行客户身份识别、可疑交易报告、客户身份资料和交易记录保存等反洗钱和反恐怖融资义务；

（八）配合相关部门做好防范查处金融违法犯罪相关工作；

（九）按照相关要求做好互联网信息内容管理、网络与信息安全相关工作；

（十）国务院银行业监督管理机构、工商登记注册地省级人民政府规定的其他义务。

第十条　网络借贷信息中介机构不得从事或者接受委托从事下列活动：

（一）为自身或变相为自身融资；

（二）直接或间接接受、归集出借人的资金；

（三）直接或变相向出借人提供担保或者承诺保本保息；

（四）自行或委托、授权第三方在互联网、固定电话、移动电话等电子渠道以外的物理场所进行宣传或推介融资项目；

（五）发放贷款，但法律法规另有规定的除外；

（六）将融资项目的期限进行拆分；

（七）自行发售理财等金融产品募集资金，代销银行理财、券商资管、基金、保险或信托产品等金融产品；

（八）开展类资产证券化业务或实现以打包资产、证券化资产、信托资产、基金份额等形式的债权转让行为；

（九）除法律法规和网络借贷有关监管规定允许外，与其他机构投资、代理销售、经纪等业务进行任何形式的混合、捆绑、代理；

（十）虚构、夸大融资项目的真实性、收益前景，隐瞒融资项目的瑕疵及风险，以歧义性语言或其他欺骗性手段等进行虚假片面宣传或促销等，捏造、散布虚假信息或不完整信息损害他人商业信誉，误导出借人或借款人；

（十一）向借款用途为投资股票、场外配资、期货合约、结构化产品及其他衍生品等高风险的融资提供信息中介服务；

（十二）从事股权众筹等业务；

（十三）法律法规、网络借贷有关监管规定禁止的其他活动。

第十一条 参与网络借贷的出借人与借款人应当为网络借贷信息中介机构核实的实名注册用户。

第十二条 借款人应当履行下列义务：

（一）提供真实、准确、完整的用户信息及融资信息；

（二）提供在所有网络借贷信息中介机构未偿还借款信息；

（三）保证融资项目真实、合法，并按照约定用途使用借贷资金，不得用于出借等其他目的；

（四）按照约定向出借人如实报告影响或可能影响出借人权益的重大信息；

（五）确保自身具有与借款金额相匹配的还款能力并按照合同约定还款；

（六）借贷合同及有关协议约定的其他义务。

第十三条 借款人不得从事下列行为：

（一）通过故意变换身份、虚构融资项目、夸大融资项目收益前景等形

式的欺诈借款；

（二）同时通过多个网络借贷信息中介机构，或者通过变换项目名称、对项目内容进行非实质性变更等方式，就同一融资项目进行重复融资；

（三）在网络借贷信息中介机构以外的公开场所发布同一融资项目的信息；

（四）已发现网络借贷信息中介机构提供的服务中含有本办法第十条所列内容，仍进行交易；

（五）法律法规和网络借贷有关监管规定禁止从事的其他活动。

第十四条　参与网络借贷的出借人，应当具备投资风险意识、风险识别能力、拥有非保本类金融产品投资的经历并熟悉互联网。

第十五条　参与网络借贷的出借人应当履行下列义务：

（一）向网络借贷信息中介机构提供真实、准确、完整的身份等信息；

（二）出借资金为来源合法的自有资金；

（三）了解融资项目信贷风险，确认具有相应的风险认知和承受能力；

（四）自行承担借贷产生的本息损失；

（五）借贷合同及有关协议约定的其他义务。

第十六条　网络借贷信息中介机构在互联网、固定电话、移动电话等电子渠道以外的物理场所只能进行信用信息采集、核实、贷后跟踪、抵质押管理等风险管理及网络借贷有关监管规定明确的部分必要经营环节。

第十七条　网络借贷金额应当以小额为主。网络借贷信息中介机构应当根据本机构风险管理能力，控制同一借款人在同一网络借贷信息中介机构平台及不同网络借贷信息中介机构平台的借款余额上限，防范信贷集中风险。

同一自然人在同一网络借贷信息中介机构平台的借款余额上限不超过人民币 20 万元；同一法人或其他组织在同一网络借贷信息中介机构平台的借款余额上限不超过人民币 100 万元；同一自然人在不同网络借贷信息中介机构平台借款总余额不超过人民币 100 万元；同一法人或其他组织在不同网络借

贷信息中介机构平台借款总余额不超过人民币500万元。

第十八条 网络借贷信息中介机构应当按照国家网络安全相关规定和国家信息安全等级保护制度的要求，开展信息系统定级备案和等级测试，具有完善的防火墙、入侵检测、数据加密以及灾难恢复等网络安全设施和管理制度，建立信息科技管理、科技风险管理和科技审计有关制度，配置充足的资源，采取完善的管理控制措施和技术手段保障信息系统安全稳健运行，保护出借人与借款人的信息安全。

网络借贷信息中介机构应当记录并留存借贷双方上网日志信息，信息交互内容等数据，留存期限为自借贷合同到期起5年；每两年至少开展一次全面的安全评估，接受国家或行业主管部门的信息安全检查和审计。

网络借贷信息中介机构成立两年以内，应当建立或使用与其业务规模相匹配的应用级灾备系统设施。

第十九条 网络借贷信息中介机构应当为单一融资项目设置募集期，最长不超过20个工作日。

第二十条 借款人支付的本金和利息应当归出借人所有。网络借贷信息中介机构应当与出借人、借款人另行约定费用标准和支付方式。

第二十一条 网络借贷信息中介机构应当加强与金融信用信息基础数据库运行机构、征信机构等的业务合作，依法提供、查询和使用有关金融信用信息。

第二十二条 各方参与网络借贷信息中介机构业务活动，需要对出借人与借款人的基本信息和交易信息等使用电子签名、电子认证时，应当遵守法律法规的规定，保障数据的真实性、完整性及电子签名、电子认证的法律效力。

网络借贷信息中介机构使用第三方数字认证系统，应当对第三方数字认证机构进行定期评估，保证有关认证安全可靠并具有独立性。

第二十三条　网络借贷信息中介机构应当采取适当的方法和技术，记录并妥善保存网络借贷业务活动数据和资料，做好数据备份。保存期限应当符合法律法规及网络借贷有关监管规定的要求。借贷合同到期后应当至少保存 5 年。

第二十四条　网络借贷信息中介机构暂停、终止业务时应当至少提前 10 个工作日通过官方网站等有效渠道向出借人与借款人公告，并通过移动电话、固定电话等渠道通知出借人与借款人。网络借贷信息中介机构业务暂停或者终止，不影响已经签订的借贷合同当事人有关权利义务。

网络借贷信息中介机构因解散或宣告破产而终止的，应当在解散或破产前，妥善处理已撮合存续的借贷业务，清算事宜按照有关法律法规的规定办理。

网络借贷信息中介机构清算时，出借人与借款人的资金分别属于出借人与借款人，不属于网络借贷信息中介机构的财产，不列入清算财产。

第四章　出借人与借款人保护

第二十五条　未经出借人授权，网络借贷信息中介机构不得以任何形式代出借人行使决策。

第二十六条　网络借贷信息中介机构应当向出借人以醒目方式提示网络借贷风险和禁止性行为，并经出借人确认。

网络借贷信息中介机构应当对出借人的年龄、财务状况、投资经验、风险偏好、风险承受能力等进行尽职评估，不得向未进行风险评估的出借人提供交易服务。

网络借贷信息中介机构应当根据风险评估结果对出借人实行分级管理，设置可动态调整的出借限额和出借标的限制。

第二十七条　网络借贷信息中介机构应当加强出借人与借款人信息管理，确保出借人与借款人信息采集、处理及使用的合法性和安全性。

网络借贷信息中介机构及其资金存管机构、其他各类外包服务机构等应当为业务开展过程中收集的出借人与借款人信息保密，未经出借人与借款人同意，不得将出借人与借款人提供的信息用于所提供服务之外的目的。

在中国境内收集的出借人与借款人信息的储存、处理和分析应当在中国境内进行。除法律法规另有规定外，网络借贷信息中介机构不得向境外提供境内出借人和借款人信息。

第二十八条 网络借贷信息中介机构应当实行自身资金与出借人和借款人资金的隔离管理，并选择符合条件的银行业金融机构作为出借人与借款人的资金存管机构。

第二十九条 出借人与网络借贷信息中介机构之间、出借人与借款人之间、借款人与网络借贷信息中介机构之间等纠纷，可以通过以下途径解决：

（一）自行和解；

（二）请求行业自律组织调解；

（三）向仲裁部门申请仲裁；

（四）向人民法院提起诉讼。

第五章 信息披露

第三十条 网络借贷信息中介机构应当在其官方网站上向出借人充分披露借款人基本信息、融资项目基本信息、风险评估及可能产生的风险结果、已撮合未到期融资项目资金运用情况等有关信息。

披露内容应符合法律法规关于国家秘密、商业秘密、个人隐私的有关规定。

第三十一条 网络借贷信息中介机构应当及时在其官方网站显著位置披露本机构所撮合借贷项目等经营管理信息。

网络借贷信息中介机构应当在其官方网站上建立业务活动经营管理信息

披露专栏，定期以公告形式向公众披露年度报告、法律法规、网络借贷有关监管规定。

网络借贷信息中介机构应当聘请会计师事务所定期对本机构出借人与借款人资金存管、信息披露情况、信息科技基础设施安全、经营合规性等重点环节实施审计，并且应当聘请有资质的信息安全测评认证机构定期对信息安全实施测评认证，向出借人与借款人等披露审计和测评认证结果。

网络借贷信息中介机构应当引入律师事务所、信息系统安全评价等第三方机构，对网络信息中介机构合规和信息系统稳健情况进行评估。

网络借贷信息中介机构应当将定期信息披露公告文稿和相关备查文件报送工商登记注册地地方金融监管部门，并置备于机构住所供社会公众查阅。

第三十二条　网络借贷信息中介机构的董事、监事、高级管理人员应当忠实、勤勉地履行职责，保证披露的信息真实、准确、完整、及时、公平，不得有虚假记载、误导性陈述或者重大遗漏。

借款人应当配合网络借贷信息中介机构及出借人对融资项目有关信息的调查核实，保证提供的信息真实、准确、完整。

网络借贷信息披露具体细则另行制定。

第六章　监督管理

第三十三条　国务院银行业监督管理机构及其派出机构负责制定统一的规范发展政策措施和监督管理制度，负责网络借贷信息中介机构的日常行为监管，指导和配合地方人民政府做好网络借贷信息中介机构的机构监管和风险处置工作，建立跨部门跨地区监管协调机制。

各地方金融监管部门具体负责本辖区网络借贷信息中介机构的机构监管，包括对本辖区网络借贷信息中介机构的规范引导、备案管理和风险防范、处置工作。

第三十四条 中国互联网金融协会从事网络借贷行业自律管理，并履行下列职责：

（一）制定自律规则、经营细则和行业标准并组织实施，教育会员遵守法律法规和网络借贷有关监管规定；

（二）依法维护会员的合法权益，协调会员关系，组织相关培训，向会员提供行业信息、法律咨询等服务，调解纠纷；

（三）受理有关投诉和举报，开展自律检查；

（四）成立网络借贷专业委员会；

（五）法律法规和网络借贷有关监管规定赋予的其他职责。

第三十五条 借款人、出借人、网络借贷信息中介机构、资金存管机构、担保人等应当签订资金存管协议，明确各自权利义务和违约责任。

资金存管机构对出借人与借款人开立和使用资金账户进行管理和监督，并根据合同约定，对出借人与借款人的资金进行存管、划付、核算和监督。

资金存管机构承担实名开户和履行合同约定及借贷交易指令表面一致性的形式审核责任，但不承担融资项目及借贷交易信息真实性的实质审核责任。

资金存管机构应当按照网络借贷有关监管规定报送数据信息并依法接受相关监督管理。

第三十六条 网络借贷信息中介机构应当在下列重大事件发生后，立即采取应急措施并向工商登记注册地地方金融监管部门报告：

（一）因经营不善等原因出现重大经营风险；

（二）网络借贷信息中介机构或其董事、监事、高级管理人员发生重大违法违规行为；

（三）因商业欺诈行为被起诉，包括违规担保、夸大宣传、虚构隐瞒事实、发布虚假信息、签订虚假合同、错误处置资金等行为。

地方金融监管部门应当建立网络借贷行业重大事件的发现、报告和处置制度，制定处置预案，及时、有效地协调处置有关重大事件。

地方金融监管部门应当及时将本辖区网络借贷信息中介机构重大风险及处置情况信息报送省级人民政府、国务院银行业监督管理机构和中国人民银行。

第三十七条　除本办法第七条规定的事项外，网络借贷信息中介机构发生下列情形的，应当在5个工作日以内向工商登记注册地地方金融监管部门报告：

（一）因违规经营行为被查处或被起诉；

（二）董事、监事、高级管理人员违反境内外相关法律法规行为；

（三）国务院银行业监督管理机构、地方金融监管部门等要求的其他情形。

第三十八条　网络借贷信息中介机构应当聘请会计师事务所进行年度审计，并在上一会计年度结束之日起4个月内向工商登记注册地地方金融监管部门报送年度审计报告。

第七章　法律责任

第三十九条　地方金融监管部门存在未依照本办法规定报告重大风险和处置情况、未依照本办法规定向国务院银行业监督管理机构提供行业统计或行业报告等违反法律法规及本办法规定情形的，应当对有关责任人依法给予行政处分；构成犯罪的，依法追究刑事责任。

第四十条　网络借贷信息中介机构违反法律法规和网络借贷有关监管规定，有关法律法规有处罚规定的，依照其规定给予处罚；有关法律法规未作处罚规定的，工商登记注册地地方金融监管部门可以采取监管谈话、出具警示函、责令改正、通报批评、将其违法违规和不履行公开承诺等情况记入诚信档案并公布等监管措施，以及给予警告、人民币3万元以下罚款和依法可以采取的其他处罚措施；构成犯罪的，依法追究刑事责任。

网络借贷信息中介机构违反法律规定从事非法集资活动或欺诈的，按照相关法律法规和工作机制处理；构成犯罪的，依法追究刑事责任。

第四十一条 网络借贷信息中介机构的出借人及借款人违反法律法规和网络借贷有关监管规定，依照有关规定给予处罚；构成犯罪的，依法追究刑事责任。

第八章 附 则

第四十二条 银行业金融机构及国务院银行业监督管理机构批准设立的其他金融机构和省级人民政府批准设立的融资担保公司、小额贷款公司等投资设立具有独立法人资格的网络借贷信息中介机构，设立办法另行制定。

第四十三条 中国互联网金融协会网络借贷专业委员会按照《关于促进互联网金融健康发展的指导意见》和协会章程开展自律并接受相关监管部门指导。

第四十四条 本办法实施前设立的网络借贷信息中介机构不符合本办法规定的，除违法犯罪行为按照本办法第四十条处理外，由地方金融监管部门要求其整改，整改期不超过 12 个月。

第四十五条 省级人民政府可以根据本办法制定实施细则，并报国务院银行业监督管理机构备案。

第四十六条 本办法解释权归国务院银行业监督管理机构、工业和信息化部、公安部、国家互联网信息办公室。

第四十七条 本办法所称不超过、以下、以内，包括本数。

《中国银监会 教育部 人力资源社会保障部关于进一步加强校园贷规范管理工作的通知》

银监发〔2017〕26 号

各银监局，各省、自治区、直辖市及新疆生产建设兵团教育厅（局、教委）、金融办（局）、人力资源社会保障厅（局），各政策性银行、大型银行、股份制银行，邮储银行，中央所属各高等院校：

银监会教育部等六部委《关于进一步加强校园网贷整治工作的通知》（银监发〔2016〕47 号，以下简称银监发 47 号文）印发以来，各地加大对网络借贷信息中介机构（以下简称网贷机构）校园网贷业务的清理整顿，取得了初步成效。但部分地区仍存在校园贷乱象，特别是一些非网贷机构针对在校学生开展借贷业务，突破了校园网贷的范畴和底线，一些地方"求职贷""培训贷""创业贷"等不良借贷问题突出，给校园安全和学生合法权益带来严重损害，造成了不良社会影响。为进一步加大校园贷监管整治力度，从源头上治理乱象，防范和化解校园贷风险，现就加强校园贷规范管理工作通知如下：

一、疏堵结合，维护校园贷正常秩序

为满足大学生在消费、创业、培训等方面合理的信贷资金和金融服务需求，净化校园金融市场环境，使校园贷回归良性发展，商业银行和政策性银行应在风险可控的前提下，有针对性地开发高校助学、培训、消费、创业等金融产品，向大学生提供定制化、规范化的金融服务，合理设置信贷额度和利率，提高大学生校园贷服务质效，畅通正规、阳光的校园信贷服务渠道。开展校园贷的银行应制定完善的校园信贷风险管理制度，建立风险预警机制，加强贷前调查评估，认真审核评定贷款大学生资质，重视贷后管理监督，确保资金流向符合合同规定。如发现贷款大学生存在资料造假等欺骗行为，应提前收回贷款。银行应及时掌握贷款大学生资金流动状况和信用评分变化情况，评估其还款能力，采取应对措施，确保风险可控。

针对当前各类放贷主体进入校园贷市场，缺乏相应制度和监管约束，以及放贷主体自身风险控制机制缺失等问题，为切实规范校园贷管理，杜绝校园贷欺诈、高利贷和暴力催收等行为，未经银行业监督管理部门批准设立的机构不得进入校园为大学生提供信贷服务。

二、整治乱象，暂停网贷机构开展校园网贷业务

各地金融办（局）和银监局要在前期对网贷机构开展校园网贷业务整治的基础上，协同相关部门进一步加大整治力度，杜绝网贷机构发生高利放贷、暴力催收等严重危害大学生安全的行为。现阶段，一律暂停网贷机构开展在校大学生网贷业务，逐步消化存量业务。要督促网贷机构按照分类处置工作要求，对于存量校园网贷业务，根据违法违规情节轻重、业务规模等状况，制定整改计划，确定整改完成期限，明确退出时间表。要督促网贷机构按期完成业务整改，主动下线校园网贷相关业务产品，暂停发布新的校园网贷业务标的，有序清退校园网贷业务待还余额。对拒不整改或超期未完成整改的，要暂停其开展网贷业务，依法依规予以关闭或取缔，对涉嫌恶意欺诈、暴力催收、制作贩卖传播淫秽物品等严重违法违规行为的，移交公安、司法机关依法追究刑事责任。

三、综合施策，切实加强大学生教育管理

各高校要把校园贷风险防范和综合整治工作作为当前维护学校安全稳定的重大工作来抓，完善工作机制，建立党委负总责、有关部门各负其责的管控体系，切实担负起教育管理学生的主体责任。一是加强教育引导。积极开

展常态化、丰富多彩的消费观、金融理财知识及法律法规常识教育，培养学生理性消费、科学消费、勤俭节约、自我保护等意识。现阶段，应向每一名学生发放校园贷风险告知书并签字确认，每学期至少集中开展一次校园贷专项宣传教育活动，加强典型案例通报警示教育，让学生深刻认识不良校园贷危害，提醒学生远离不良校园贷。二是建立排查整治机制。开展校园贷集中排查，加强校园秩序管理。未经校方批准，严禁任何人、任何组织在校园内进行各种校园贷业务宣传和推介，及时清理各类借贷小广告。畅通不良校园贷举报渠道，鼓励教职员工和学生对发现的不良校园贷线索进行举报。对未经校方批准在校宣传推介、组织引导学生参与校园贷或利用学生身份证件办理不良校园贷的教职工或在校学生，要依规依纪严肃查处。三是建立应急处置机制。对于发现的学生参与不良校园贷事件要及时告知学生家长，并会同学生家长及有关方面做好应急处置工作，将危害消灭在初始状态。同时，对发现的重大事件要及时报告当地金融监管部门、公安部门、教育主管部门。四是切实做好学生资助工作。帮助每一名家庭经济困难学生解决好学费、住宿费和基本生活费等方面困难。五是建立不良校园贷责任追究机制。对校内有关部门和院系开展校园贷教育、警示、排查、处置等情况进行定期检查，凡责任落实不到位的，要追究有关部门、院系和相关人员责任。对因校园贷引发恶性事件或造成重大案件的，教育主管部门要倒查倒追有关高校及相关责任人，发现未开展宣传教育、风险警示、排查处置等工作的，予以严肃处理。

四、分工负责，共同促进校园贷健康发展

各部门要高度重视校园贷规范管理工作，明确分工，压实职责，加强信息共享，形成监管合力。各地金融办（局）和银监局要加强引导，鼓励合规机构积极进入校园，为大学生提供合法合规的信贷服务。要制定正负面清单，明确校园贷市场参与机构。要积极配合教育主管部门开展金融消费者教育保

护和宣传工作。要加强信息共享与经验交流，以案说法，务求整治实效。各地教育主管部门、各高校要切实采取有效措施，做好本地本校工作分层对接和具体落实，筑好防范违规放贷机构进入校园的“防火墙”，加强风险警示、教育引导和校园管理工作。各地人力资源社会保障部门要加强人力资源市场和职业培训机构监管，依法查处“黑中介”和未经许可擅自从事职业培训业务等各类侵害就业权益的违法行为，杜绝公共就业人才服务机构以培训、求职、职业指导等名义，捆绑推荐信贷服务。涉及校园网贷整治相关事项，有关部门应按照银监发 47 号文要求抓好贯彻落实。

请各地区、各有关部门认真梳理辖内校园贷规范管理工作落实情况，并于2017年6月30日前将书面报告报送银监会、教育部、人力资源社会保障部。

中国银监会
教育部
人才资源社会保障部
2017 年 5 月 27 日

《教育部办公厅 中国银监会办公厅
关于加强校园不良网络借贷风险防范和教育引导工作的通知》

教思政厅函〔2016〕15 号

各省、自治区、直辖市党委教育工作部门、教育厅（教委），各银监局，新疆生产建设兵团教育局，部属各高等学校党委：

随着网络借贷的快速发展，一些 P2P 网络借贷平台不断向高校拓展业务，部分不良网络借贷平台采取虚假宣传的方式和降低贷款门槛、隐瞒实际资费标准等手段，诱导学生过度消费，甚至陷入“高利贷”陷阱，侵犯学生合法权益，造成不良影响。为加强对校园不良网络借贷平台的监管和整治，教育和引导学生树立正确的消费观念，现就有关事项通知如下：

一、加大不良网络借贷监管力度。建立校园不良网络借贷日常监测机制。高校宣传、财务、网络、保卫等部门和地方人民政府金融监管部门、各银监局等部门要密切关注网络借贷业务在校园内拓展情况，高校辅导员、班主任、学生骨干队伍要密切关注学生异常消费行为，及时发现学生在消费中存在的问题。地方金融办（局）要对网络借贷信息中介机构开展虚假片面宣传或促销活动、误导出借人或借款人的行为进行密切跟踪，针对网络借贷信息中介机构向不具备还款能力的大学生群体开展营销宣传活动、对借款人资格审查失职失当等行为加强监管和风险提示。建立校园不良网络借贷实时预警机制。及时发现校园不良网络借贷苗头性、倾向性、普遍性问题，及时分析评估校园不良网络借贷潜在的风险，及时以电话、短信、网络、橱窗、校园广播等多种形式向学生发布预警提示信息。建立校园不良网络借贷应对处置机制。制定完善各项应对处置预案，对侵犯学生合法权益、存在安全风险隐患、未经学校批准在校园内宣传推广信贷业务的不良网络借贷平台和个人，第一时间报请地方人民政府金融监管部门、各银监局、公安、网信、工信等部门依法处置。

二、加大学生消费观教育力度。教育引导学生树立文明的消费观。加强社会主义核心价值观学习教育，深入开展“三爱”“三节”等主题教育活动，培养选树勤俭节约、自立自强方面的先进典型，营造崇尚节约的校园文化环境，帮助学生养成文明、健康的消费习惯。教育引导学生树立理性的消费观。关心关注学生消费心理，纠正学生超前消费、过度消费和从众消费等错误观念。在生活消费、人际消费、娱乐消费等方面，教育学生不盲从、不攀比、不炫耀，引导学生合理消费、理性消费、适度消费。教育引导学生树立科学的消费观。帮助学生科学制定消费计划，结合实际，量入为出。加强与家长的沟通与联系，合理支持、适当控制学生的消费支出。鼓励学生利用业余时间开展勤工俭学，通过诚实合法劳动创造财富，培养节俭自立意识。

三、加大金融、网络安全知识普及力度。大力普及金融、网络安全知识。通过开设金融学、网络安全学等相关公共基础课或选修课，邀请金融机构、监管机构、网信安全等部门专业人员在校内开展金融、网络安全知识普及教育，帮助学生了解金融行业发展前沿动态，掌握逾期滞纳金、违约金、单利与复利等基本金融常识。切实增强学生金融、网络安全防范意识。利用校园网站、微信平台、校园广播等多种渠道向学生推送校园不良网络借贷典型案例。在重要节庆日、购物狂欢日等时间节点，开展金融、网络安全宣讲活动，强化学生对网络借贷风险的理解和认识，帮助学生增强金融、网络安全防范意识。帮助学生提升金融理财实践能力。加强与银监、公安等政府部门和银行、证券等金融机构的合作，积极开展调查研究、志愿服务等社会实践活动，帮助学生增强对有害网络借贷业务甄别、抵制能力。鼓励和支持金融理财类学生社团建设，举办模拟投资大赛等活动，提高学生金融理财实践能力。

四、加大学生资助信贷体系建设力度。加强对学生资助工作的科学管理和制度支撑，切实提高学生资助工作水平，保障国家各项资助政策落到实处，满足家庭经济困难学生学费、生活费等保障性需求。充分挖掘校内外资源，筹集专项基金，作为国家资助政策体系的有益补充，建立健全既有共性需求、又能体现个体差异的资助模式，满足学生拓展学习、创新创业等发展性需求。与金融机构合作，积极探索建设和发展校园社区银行，为学生提供渠道畅通、手续便捷、利率合理的金融借贷服务，满足学生临时性需求。

各地各高校要按照通知要求，加强组织领导，抓好工作统筹，做好本地本校工作分层对接和具体落实，及时将工作中发现的问题和相关经验做法报送教育部、中国银监会。

教育部办公厅

中国银行业监督管理委员会办公厅

2016 年 4 月 13 日

防电信网络诈骗之规定

《关于防范和打击电信网络诈骗犯罪的通告》

（最高人民法院、最高人民检察院、公安部、工业和信息化部、中国人民银行、中国银行业监督管理委员会六部门联合发布，自2016年09月23日起实施）

电信网络诈骗犯罪是严重影响人民群众合法权益、破坏社会和谐稳定的社会公害，必须坚决依法严惩。为切实保障广大人民群众合法权益，维护社会和谐稳定，根据《中华人民共和国刑法》《中华人民共和国刑事诉讼法》《全国人民代表大会常务委员会关于加强网络信息保护的决定》等有关规定，现就防范和打击电信网络诈骗犯罪相关事项通告如下：

一、凡是实施电信网络诈骗犯罪的人员，必须立即停止一切违法犯罪活动。自本通告发布之日起至2016年10月31日，主动投案、如实供述自己罪行的，依法从轻或者减轻处罚，在此规定期限内拒不投案自首的，将依法从严惩处。

二、公安机关要主动出击，将电信网络诈骗案件依法立为刑事案件，集中侦破一批案件、打掉一批犯罪团伙、整治一批重点地区，坚决拔掉一批地域性职业电信网络诈骗犯罪“钉子”。对电信网络诈骗案件，公安机关、人民检察院、人民法院要依法快侦、快捕、快诉、快审、快判，坚决遏制电信网络诈骗犯罪发展蔓延势头。

三、电信企业（含移动转售企业，下同）要严格落实电话用户真实身份信息登记制度，确保到2016年10月底前全部电话实名率达到96%，年底前达到 100%。未实名登记的单位和个人，应按要求对所持有的电话进行实名登记，在规定时间内未完成真实身份信息登记的，一律予以停机。电信企业在为新入网用户办理真实身份信息登记手续时，要通过采取二代身份证识别设备、联网核验等措施验证用户身份信息，并现场拍摄和留存用户照片。

四、电信企业立即开展一证多卡用户的清理，对同一用户在同一家基础电信企业或同一移动转售企业办理有效使用的电话卡达到 5 张的，该企业不得为其开办新的电话卡。电信企业和互联网企业要采取措施阻断改号软件网上发布、搜索、传播、销售渠道，严禁违法网络改号电话的运行、经营。电信企业要严格规范国际通信业务出入口局主叫号码传送，全面实施语音专线规范清理和主叫鉴权，加大网内和网间虚假主叫发现与拦截力度，立即清理规范一号通、商务总机、400 等电话业务，对违规经营的网络电话业务一律依法予以取缔，对违规经营的各级代理商责令限期整改，逾期不改的一律由相关部门吊销执照，并严肃追究民事、行政责任。移动转售企业要依法开展业务，对整治不力、屡次违规的移动转售企业，将依法坚决查处，直至取消相应资质。

五、各商业银行要抓紧完成借记卡存量清理工作，严格落实“同一客户在同一商业银行开立借记卡原则上不得超过 4 张”等规定。任何单位和个人不得出租、出借、出售银行账户（卡）和支付账户，构成犯罪的依法追究刑事责任。自 2016 年 12 月 1 日起，同一个人在同一家银行业金融机构只能开立一个Ⅰ类银行账户，在同一家非银行支付机构只能开立一个Ⅲ类支付账户。自 2017 年起，银行业金融机构和非银行支付机构对经设区市级及以上公安机关认定的出租、出借、出售、购买银行账户（卡）或支付账户的单位和个人及相关组织者，假冒他人身份或虚构代理关系开立银行账户（卡）或支付账户的单位和个人，5 年内停止其银行账户（卡）非柜面业务、支付账户所有业务，3 年内不得为其新开立账户。对经设区市级及以上公安机关认定为被不法分子用于电信网络诈骗作案的涉案账户，将对涉案账户开户人名下其他银行账户暂停非柜面业务，支付账户暂停全部业务。自2016年12月1日起，个人通过银行自助柜员机向非同名账户转账的，资金24小时后到账。

六、严禁任何单位和个人非法获取、非法出售、非法向他人提供公民个人信息。对泄露、买卖个人信息的违法犯罪行为，坚决依法打击。对互联网上发布的贩卖信息、软件、木马病毒等要及时监控、封堵、删除，对相关网站和网络账号要依法关停，构成犯罪的依法追究刑事责任。

七、电信企业、银行、支付机构和银联，要切实履行主体责任，对责任落实不到位导致被不法分子用于实施电信网络诈骗犯罪的，要依法追究责任。各级行业主管部门要落实监管责任，对监管不到位的，要严肃问责。对因重视不够，防范、打击、整治措施不落实，导致电信网络诈骗犯罪问题严重的地区、部门、国有电信企业、银行和支付机构，坚决依法实行社会治安综合治理“一票否决”，并追究相关责任人的责任。

八、各地各部门要加大宣传力度，广泛开展宣传报道，形成强大舆论声势。要运用多种媒体渠道，及时向公众发布电信网络犯罪预警提示，普及法律知识，提高公众对各类电信网络诈骗的鉴别能力和安全防范意识。

九、欢迎广大人民群众积极举报相关违法犯罪线索，对在捣毁特大犯罪窝点、打掉特大犯罪团伙中发挥重要作用的，予以重奖，并依法保护举报人的个人信息及安全。

《关于依法惩处侵害公民个人信息犯罪活动的通知》

公通字〔2013〕12号

各省、自治区，直辖市高级人民法院，人民检察院，公安厅、局，新疆维吾尔自治区高级人民法院生产建设兵团分院，新疆生产建设兵团人民检察院、公安局：

近年来，随着我国经济快速发展和信息网络的广泛普及，侵害公民个人信息的违法犯罪日益突出，互联网上非法买卖公民个人信息泛滥，由此滋生的电信诈骗、网络诈骗、敲诈勒索、绑架和非法讨债等犯罪屡打不绝，社会危害严重，群众反响强烈。为有效遏制、惩治侵害公民个人信息犯罪，切实保障广大人民群众的个人信息安全和合法权益，促进社会协调发展，维护社会和谐稳定，现就有关事项通知如下：

一、切实提高认识，坚决打击侵害公民个人信息犯罪活动。当前一些犯罪分子为追逐不法利益，利用互联网大肆倒卖公民个人信息，已逐渐形成庞大“地下产业”和黑色利益链。买卖的公民个人信息包括户籍、银行、电信开户资料等，涉及公民个人生活的方方面面。部分国家机关和金融、电信、交通、教育、医疗以及物业公司、房产中介、保险、快递等企事业单位的一些工作人员，将在履行职责或者提供服务过程中获取的公民个人信息出售、非法提供给他人。获取信息的中间商在互联网上建立数据平台，大肆出售信息牟取暴利。非法调查公司根据这些信息从事非法讨债、诈骗和敲诈勒索等违法犯罪活动。此类犯罪不仅严重危害公民的信息安全，而且极易引发多种犯罪，成为电信诈骗、网络诈骗以及滋扰型“软暴力”等新型犯罪的根源，甚至与绑架、敲诈勒索、暴力追债等犯罪活动相结合，影响人民群众的安全感，威胁社会和谐稳定。各级公安机关、人民检察院、人民法院务必清醒认识此类犯罪的严重危害，以对党和人民高度负责的精神，统一思想，提高认识，精心组织，周密部署，依法惩处侵害公民个人信息犯罪活动。

二、正确适用法律，实现法律效果与社会效果的有机统一。侵害公民个人信息犯罪是新型犯罪，各级公安机关、人民检察院、人民法院要从切实保护公民个人信息安全和维护社会和谐稳定的高度，借鉴以往的成功判例，综合考虑出售、非法提供或非法获取个人信息的次数、数量、手段和牟利数额、造成的损害后果等因素，依法加大打击力度，确保取得良好的法律效果和社会效果。出售、非法提供公民个人信息罪的犯罪主体，除国家机关或金融、电信、交通、教育、医疗单位的工作人员之外，还包括在履行职责或者提供服务过程中获得公民个人信息的商业、房地产业等服务业中其他企事业单位的工作人员。公民个人信息包括公民的姓名、年龄、有效证件号码、婚姻状况、工作单位、学历、履历、家庭住址、电话号码等能够识别公民个人身份或者涉及公民个人隐私的信息、数据资料。对于在履行职责或者提供服务过程中，将获得的公民个人信息出售或者非法提供给他人，被他人用以实施犯罪，造成受害人人身伤害或者死亡，或者造成重大经济损失、恶劣社会影响的，或者出售、非法提供公民个人信息数量较大，或者违法所得数额较大的，均应当依法以出售、非法提供公民个人信息罪追究刑事责任。对于窃取或者以购买等方法非法获取公民个人信息数量较大，或者违法所得数额较大，或者造成其他严重后果的，应当依法予以并罚。单位实施侵害公民个人信息犯罪的，应当追究直接负责的主管人员和其他直接责任人员的刑事责任。要依法加大对财产的适用力度，剥夺犯罪分子非法获利和再次犯罪的资本。

三、加强协作配合，确保执法司法及时高效。侵害公民个人信息犯罪网络覆盖面大，关系错综复杂。犯罪行为发生地、犯罪结果发生地、犯罪分子所在地等往往不在一地。同时，由于犯罪行为大多依托互联网、移动电子设备，通过即时通讯工具、电子邮件等多种方式实施，调查取证难度很大。各级公安机关、人民检察院、人民法院要在分工负责、依法高效履行职责的基础上，进一步加强沟通协调，通力配合，密切协作，保证立案、侦查、批捕、审查起诉、审判等各个环节顺利进行。对查获的侵害公民个人信息犯罪案件，公安机关要按照属地管辖原则，及时立案侦查，及时移送审查起诉。对于几个公安机关都有权管辖的案件，由最初受理的公安机关管辖。必要时，可以由主要犯罪地的公安机关管辖。对管辖不明确或者有争议的刑事案件，可以由有关公安机关协商。协商不成的，由共同的上级公安机关指定管辖。对于指定管辖的案件，需要逮捕犯罪嫌疑人的，由被指定管辖的公安机关提请同级人民检察院审查批准；需要提起公诉的，由该公安机关移送同级人民检察院审查决定；人民检察院对于审查起诉的案件，按照刑事诉讼法的管辖规定，认为应当由上级人民检察院或者同级其他人民检察院起诉的，应当将案件移交有管辖权的人民检察院；人民检察院认为需要依照刑事诉讼法的规定指定审判管辖的，应当协商同级人民法院办理指定管辖有关事宜。在办理侵害公民个人信息犯罪案件的过程中，对于疑难、复杂案件，人民检察院可以适时派员会同公安机关共同就证据收集等方面进行研究和沟通协调。人民检察院对于公安机关提请批准逮捕、移送审查起诉的相关案件，符合批捕、起诉条件的，要依法尽快予以批捕、起诉；对于确需补充侦查的，要制作具体、详细的补充侦查提纲。人民法院要加强审判力量，准确定性，依法快审快结。

四、推进综合治理，建立防范、打击长效工作机制。预防和打击侵害公民个人信息犯罪是一项艰巨任务，必须标本兼治，积极探索和构建防范、打击的长效工作机制。各地公安机关、人民检察院、人民法院在依法惩处此类犯罪的同时，要积极参与综合治理，注意发现保护公民个人信息工作中的漏洞和隐患，及时通报相关部门，提醒和督促有关部门和单位加强监管、完善制度。要充分利用报纸、广播、电视、网络等多种媒体平台，大力宣传党和国家打击此类犯罪的决心和力度，宣传相关的政策和法律法规，提醒和教育广大群众运用法律保障和维护自身合法权益，提高自我防范的意识和能力。

最高人民法院
最高人民检察院
公安部
2013 年 4 月 23 日

《关于坚决抵制校园非法网络借贷行为的倡议书》

湖南省人民政府 湖南省教育厅 共青团 金融工作办公室 湖南省委员会

2017 年 9 月 29 日

全体在校大学生朋友们：

大学校园是潜心学习、塑造品格的殿堂。在这里你可以尽显个人才华，结识各方同学和朋友，但同时也需要你时刻擦亮眼睛，在纷繁复杂的环境中清醒头脑、明辨是非；特别是作为已经完全具备民事行为能力的个体，更需要对自己保持理性约束，避免掉进不法陷阱，导致学业受损，伤害自己或家庭。

去年以来，一些打着“校园贷”“现金贷”“美容贷”“培训贷”等名义，专门面向在校大学生开展非法金融活动的现象不断出现。他们通过网站、APP 及校园代理等渠道开展业务，借口“扶持创业”“助学扶贫”等多种旗号，以“分期偿还、低利息”甚至“零利息”迷惑吸引同学们贷款。看似手续简单便捷，实则充斥了重重不法陷阱。

一是往往利用“指标费”“服务费”或其他名目收取高额手续费，导致应偿还本金远高于实际获得贷款额。如贷款 1 万元，你实际能获取的贷款也许只有 9000 元甚至更少，变相加重你的债务负担。

二是利用分期还款掩盖高利率真相。如一次性贷 5000 元，分 12 个月还清，看似每月仅需偿还 551 元，感觉压力小、较划算，但连本带息实际需还款 6612 元，折合年利率已高达 32%。

三是逾期还款条件极为苛刻，让你无形中承受巨额债务风险。网贷公司只要在合同或电子授权上取得你的个人授权，一旦出现借款逾期，往往需要支付高额违约金或按天计算利息，并且实行复利计息或利滚利，本息连还导致严重超出个人承受能力，陷入债务偿还恶性循环。

四是往往采取威胁、恐吓等不法手段催收欠款，导致“欠款跳楼”“裸条借贷”“暴力催收”等现实悲剧屡次发生，给自己带来无尽伤害。轻者严重影响学业或被迫离开校园，重者连累父母家人甚至丧失理智逼迫自身作出极端事件。

尽管公安机关及金融管理部门对此类不法借贷行为加大了依法打击惩处力度，但由于其手段方式极为隐蔽，欺骗性、误导性强，你稍不注意自我保护，风险仍随时可能在你身上发生。为此，我们郑重呼吁并倡议全体大学生朋友从自己做起，坚决抵制各种非法网络借贷行为，有效维护个人合法权益和人身财产安全。

一、始终坚持以学业为主，积极倡导理性消费。坚持树立正确的消费观念，自觉摒弃攀比心理，坚决纠正脱离个人消费能力的超前消费、过度消费和从众消费等错误做法，努力培养一心学习和艰苦朴素、量力而行、勤俭节约、体谅父母的优秀品质。

二、增强自我保护意识，坚决抵制各类非法网贷行为。坚决做到不参与、不接触非法网贷活动；不充当非法网贷宣传员、代理人，不从中获取非法利益；不使用个人信息为他人网贷提供便利，也不冒用他人身份信息为自己进行网贷。遇身边同学朋友有申请办理网贷业务的，友善提醒尽快了结、防范风险并及时报告学校或老师。

三、确因生活困难或学业需要申请贷款帮助的，主动向父母或学校反映困难，坚持由家庭出面或学校统一组织，通过正规银行业金融机构办理助学贷款等业务。

四、不慎陷入“校园贷”“现金贷”“培训贷”“美容贷”及其他民间借贷纠纷的，向学校、家长报告情况或向公安机关报案，请求通过合法途径解决纠纷或寻求帮助。

第三节　惩处电信网络诈骗之法律

《最高人民法院　最高人民检察院　公安部　关于办理电信网络诈骗等刑事案件适用法律若干问题的意见》

最高人民法院　最高人民检察院　公安部

2016 年　法发〔2016〕32 号

为依法惩治电信网络诈骗等犯罪活动，保护公民、法人和其他组织的合法权益，维护社会秩序，根据《中华人民共和国刑法》《中华人民共和国刑事诉讼法》等法律和有关司法解释的规定，结合工作实际，制定本意见。

一、总体要求

近年来，利用通讯工具、互联网等技术手段实施的电信网络诈骗犯罪活动持续高发，侵犯公民个人信息，扰乱无线电通讯管理秩序，掩饰、隐瞒犯罪所得、犯罪所得收益等上下游关联犯罪不断蔓延。此类犯罪严重侵害人民群众财产安全和其他合法权益，严重干扰电信网络秩序，严重破坏社会诚信，严重影响人民群众安全感和社会和谐稳定，社会危害性大，人民群众反映强烈。

人民法院、人民检察院、公安机关要针对电信网络诈骗等犯罪的特点，坚持全链条全方位打击，坚持依法从严从快惩处，坚持最大力度最大限度追赃挽损，进一步健全工作机制，加强协作配合，坚决有效遏制电信网络诈骗等犯罪活动，努力实现法律效果和社会效果的高度统一。

二、依法严惩电信网络诈骗犯罪

（一）根据《最高人民法院、最高人民检察院关于办理诈骗刑事案件具体应用法律若干问题的解释》第一条的规定，利用电信网络技术手段实施诈骗，诈骗公私财物价值三千元以上、三万元以上、五十万元以上的，应当分别认定为刑法第二百六十六条规定的“数额较大”“数额巨大”“数额特别巨大”。

二年内多次实施电信网络诈骗未经处理，诈骗数额累计计算构成犯罪的，应当依法定罪处罚。

（二）实施电信网络诈骗犯罪，达到相应数额标准，具有下列情形之一的，酌情从重处罚：

1. 造成被害人或其近亲属自杀、死亡或者精神失常等严重后果的；

2. 冒充司法机关等国家机关工作人员实施诈骗的；

3. 组织、指挥电信网络诈骗犯罪团伙的；

4. 在境外实施电信网络诈骗的；

5. 曾因电信网络诈骗犯罪受过刑事处罚或者二年内曾因电信网络诈骗受过行政处罚的；

6. 诈骗残疾人、老年人、未成年人、在校学生、丧失劳动能力人的财物，或者诈骗重病患者及其亲属财物的；

7. 诈骗救灾、抢险、防汛、优抚、扶贫、移民、救济、医疗等款物的；

8. 以赈灾、募捐等社会公益、慈善名义实施诈骗的；

9. 利用电话追呼系统等技术手段严重干扰公安机关等部门工作的；

10. 利用“钓鱼网站”链接、“木马”程序链接、网络渗透等隐蔽技术手段实施诈骗的。

（三）实施电信网络诈骗犯罪，诈骗数额接近“数额巨大”“数额特别巨

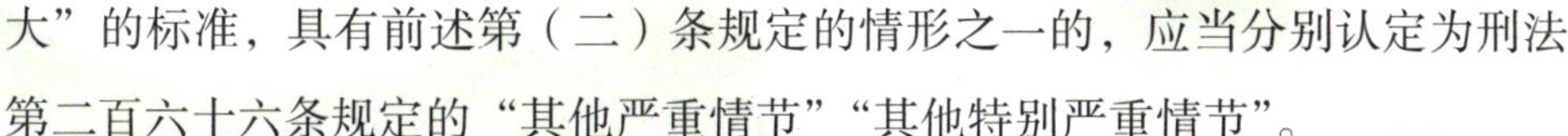

大”的标准，具有前述第（二）条规定的情形之一的，应当分别认定为刑法第二百六十六条规定的“其他严重情节”“其他特别严重情节”。

上述规定的“接近”，一般应掌握在相应数额标准的百分之八十以上。

（四）实施电信网络诈骗犯罪，犯罪嫌疑人、被告人实际骗得财物的，以诈骗罪（既遂）定罪处罚。诈骗数额难以查证，但具有下列情形之一的，应当认定为刑法第二百六十六条规定的“其他严重情节”，以诈骗罪（未遂）定罪处罚：

1. 发送诈骗信息五千条以上的，或者拨打诈骗电话五百人次以上的；

2. 在互联网上发布诈骗信息，页面浏览量累计五千次以上的。

具有上述情形，数量达到相应标准十倍以上的，应当认定为刑法第二百六十六条规定的“其他特别严重情节”，以诈骗罪（未遂）定罪处罚。

上述“拨打诈骗电话”，包括拨出诈骗电话和接听被害人回拨电话。反复拨打、接听同一电话号码，以及反复向同一被害人发送诈骗信息的，拨打、接听电话次数、发送信息条数累计计算。

因犯罪嫌疑人、被告人故意隐匿、毁灭证据等原因，致拨打电话次数、发送信息条数的证据难以收集的，可以根据经查证属实的日拨打人次数、日发送信息条数，结合犯罪嫌疑人、被告人实施犯罪的时间，犯罪嫌疑人、被告人的供述等相关证据，综合予以认定。

（五）电信网络诈骗既有既遂，又有未遂，分别达到不同量刑幅度的，依照处罚较重的规定处罚；达到同一量刑幅度的，以诈骗罪既遂处罚。

（六）对实施电信网络诈骗犯罪的被告人裁量刑罚，在确定量刑起点、基准刑时，一般应就高选择。确定宣告刑时，应当综合全案事实情节，准确把握从重、从轻量刑情节的调节幅度，保证罪责刑相适应。

（七）对实施电信网络诈骗犯罪的被告人，应当严格控制适用缓刑的范围，严格掌握适用缓刑的条件。

（八）对实施电信网络诈骗犯罪的被告人，应当更加注重依法适用财产刑，加大经济上的惩罚力度，最大限度剥夺被告人再犯的能力。

三、全面惩处关联犯罪

（一）在实施电信网络诈骗活动中，非法使用“伪基站”“黑广播”，干扰无线电通讯秩序，符合刑法第二百八十八条规定的，以扰乱无线电通讯管理秩序罪追究刑事责任。同时构成诈骗罪的，依照处罚较重的规定定罪处罚。

（二）违反国家有关规定，向他人出售或者提供公民个人信息，窃取或者以其他方法非法获取公民个人信息，符合刑法第二百五十三条之一规定的，以侵犯公民个人信息罪追究刑事责任。

使用非法获取的公民个人信息，实施电信网络诈骗犯罪行为，构成数罪的，应当依法予以并罚。

（三）冒充国家机关工作人员实施电信网络诈骗犯罪，同时构成诈骗罪和招摇撞骗罪的，依照处罚较重的规定定罪处罚。

（四）非法持有他人信用卡，没有证据证明从事电信网络诈骗犯罪活动，符合刑法第一百七十七条之一第一款第（二）项规定的，以妨害信用卡管理罪追究刑事责任。

（五）明知是电信网络诈骗犯罪所得及其产生的收益，以下列方式之一予以转账、套现、取现的，依照刑法第三百一十二条第一款的规定，以掩饰、隐瞒犯罪所得、犯罪所得收益罪追究刑事责任。但有证据证明确实不知道的除外：

1. 通过使用销售点终端机具（POS 机）刷卡套现等非法途径，协助转换或者转移财物的；

2. 帮助他人将巨额现金散存于多个银行账户，或在不同银行账户之间频繁划转的；

3. 多次使用或者使用多个非本人身份证明开设的信用卡、资金支付结算账户或者多次采用遮蔽摄像头、伪装等异常手段，帮助他人转账、套现、取现的；

4. 为他人提供非本人身份证明开设的信用卡、资金支付结算账户后，又帮助他人转账、套现、取现的；

5. 以明显异于市场的价格，通过手机充值、交易游戏点卡等方式套现的。

实施上述行为，事前通谋的，以共同犯罪论处。

实施上述行为，电信网络诈骗犯罪嫌疑人尚未到案或案件尚未依法裁判，但现有证据足以证明该犯罪行为确实存在的，不影响掩饰、隐瞒犯罪所得、犯罪所得收益罪的认定。

实施上述行为，同时构成其他犯罪的，依照处罚较重的规定定罪处罚。法律和司法解释另有规定的除外。

（六）网络服务提供者不履行法律、行政法规规定的信息网络安全管理义务，经监管部门责令采取改正措施而拒不改正，致使诈骗信息大量传播，或者用户信息泄露造成严重后果的，依照刑法第二百八十六条之一的规定，以拒不履行信息网络安全管理义务罪追究刑事责任。同时构成诈骗罪的，依照处罚较重的规定定罪处罚。

（七）实施刑法第二百八十七条之一、第二百八十七条之二规定之行为，构成非法利用信息网络罪、帮助信息网络犯罪活动罪，同时构成诈骗罪的，依照处罚较重的规定定罪处罚。

（八）金融机构、网络服务提供者、电信业务经营者等在经营活动中，违反国家有关规定，被电信网络诈骗犯罪分子利用，使他人遭受财产损失的，依法承担相应责任。构成犯罪的，依法追究刑事责任。

四、准确认定共同犯罪与主观故意

（一）三人以上为实施电信网络诈骗犯罪而组成的较为固定的犯罪组织，应依法认定为诈骗犯罪集团。对组织、领导犯罪集团的首要分子，按照集团所犯的全部罪行处罚。对犯罪集团中组织、指挥、策划者和骨干分子依法从严惩处。

对犯罪集团中起次要、辅助作用的从犯，特别是在规定期限内投案自首、积极协助抓获主犯、积极协助追赃的，依法从轻或减轻处罚。

对犯罪集团首要分子以外的主犯，应当按照其所参与的或者组织、指挥的全部犯罪处罚。全部犯罪包括能够查明具体诈骗数额的事实和能够查明发送诈骗信息条数、拨打诈骗电话人次数、诈骗信息网页浏览次数的事实。

（二）多人共同实施电信网络诈骗，犯罪嫌疑人、被告人应对其参与期间该诈骗团伙实施的全部诈骗行为承担责任。在其所参与的犯罪环节中起主要作用的，可以认定为主犯；起次要作用的，可以认定为从犯。

上述规定的“参与期间”，从犯罪嫌疑人、被告人着手实施诈骗行为开始起算。

（三）明知他人实施电信网络诈骗犯罪，具有下列情形之一的，以共同犯罪论处，但法律和司法解释另有规定的除外：

1. 提供信用卡、资金支付结算账户、手机卡、通讯工具的；

2. 非法获取、出售、提供公民个人信息的；

3. 制作、销售、提供“木马”程序和“钓鱼软件”等恶意程序的；

4. 提供“伪基站”设备或相关服务的；

5. 提供互联网接入、服务器托管、网络存储、通讯传输等技术支持，或者提供支付结算等帮助的；

6. 在提供改号软件、通话线路等技术服务时，发现主叫号码被修改为国内党政机关、司法机关、公共服务部门号码，或者境外用户改为境内号码，仍提供服务的；

7. 提供资金、场所、交通、生活保障等帮助的；

8. 帮助转移诈骗犯罪所得及其产生的收益，套现、取现的。

上述规定的“明知他人实施电信网络诈骗犯罪”，应当结合被告人的认知能力，既往经历，行为次数和手段，与他人关系，获利情况，是否曾因电信网络诈骗受过处罚，是否故意规避调查等主客观因素进行综合分析认定。

（四）负责招募他人实施电信网络诈骗犯罪活动，或者制作、提供诈骗方案、术语清单、语音包、信息等的，以诈骗共同犯罪论处。

（五）部分犯罪嫌疑人在逃，但不影响对已到案共同犯罪嫌疑人、被告人的犯罪事实认定的，可以依法先行追究已到案共同犯罪嫌疑人、被告人的刑事责任。

五、依法确定案件管辖

（一）电信网络诈骗犯罪案件一般由犯罪地公安机关立案侦查，如果由犯罪嫌疑人居住地公安机关立案侦查更为适宜的，可以由犯罪嫌疑人居住地公安机关立案侦查。犯罪地包括犯罪行为发生地和犯罪结果发生地。

“犯罪行为发生地”包括用于电信网络诈骗犯罪的网站服务器所在地，网站建立者、管理者所在地，被侵害的计算机信息系统或其管理者所在地，犯罪嫌疑人、被害人使用的计算机信息系统所在地，诈骗电话、短信息、电子邮件等的拨打地、发送地、到达地、接受地，以及诈骗行为持续发生的实施地、预备地、开始地、途经地、结束地。

“犯罪结果发生地”包括被害人被骗时所在地，以及诈骗所得财物的实际取得地、藏匿地、转移地、使用地、销售地等。

（二）电信网络诈骗最初发现地公安机关侦办的案件，诈骗数额当时未达到“数额较大”标准，但后续累计达到“数额较大”标准，可由最初发现地公安机关立案侦查。

（三）具有下列情形之一的，有关公安机关可以在其职责范围内并案侦查：

1. 一人犯数罪的；

2. 共同犯罪的；

3. 共同犯罪的犯罪嫌疑人还实施其他犯罪的；

4. 多个犯罪嫌疑人实施的犯罪存在直接关联，并案处理有利于查明案件事实的。

（四）对因网络交易、技术支持、资金支付结算等关系形成多层级链条、跨区域的电信网络诈骗等犯罪案件，可由共同上级公安机关按照有利于查清犯罪事实、有利于诉讼的原则，指定有关公安机关立案侦查。

（五）多个公安机关都有权立案侦查的电信网络诈骗等犯罪案件，由最初受理的公安机关或者主要犯罪地公安机关立案侦查。有争议的，按照有利于查清犯罪事实、有利于诉讼的原则，协商解决。经协商无法达成一致的，由共同上级公安机关指定有关公安机关立案侦查。

（六）在境外实施的电信网络诈骗等犯罪案件，可由公安部按照有利于查清犯罪事实、有利于诉讼的原则，指定有关公安机关立案侦查。

（七）公安机关立案、并案侦查，或因有争议，由共同上级公安机关指定立案侦查的案件，需要提请批准逮捕、移送审查起诉、提起公诉的，由该公安机关所在地的人民检察院、人民法院受理。

对重大疑难复杂案件和境外案件，公安机关应在指定立案侦查前，向同级人民检察院、人民法院通报。

（八）已确定管辖的电信诈骗共同犯罪案件，在逃的犯罪嫌疑人归案后，一般由原管辖的公安机关、人民检察院、人民法院管辖。

六、证据的收集和审查判断

（一）办理电信网络诈骗案件，确因被害人人数众多等客观条件的限制，无法逐一收集被害人陈述的，可以结合已收集的被害人陈述，以及经查证属实的银行账户交易记录、第三方支付结算账户交易记录、通话记录、电子数据等证据，综合认定被害人人数及诈骗资金数额等犯罪事实。

（二）公安机关采取技术侦查措施收集的案件证明材料，作为证据使用的，应当随案移送批准采取技术侦查措施的法律文书和所收集的证据材料，并对其来源等作出书面说明。

（三）依照国际条约、刑事司法协助、互助协议或平等互助原则，请求证据材料所在地司法机关收集，或通过国际警务合作机制、国际刑警组织启动合作取证程序收集的境外证据材料，经查证属实，可以作为定案的依据。公安机关应对其来源、提取人、提取时间或者提供人、提供时间以及保管移交的过程等作出说明。

对其他来自境外的证据材料，应当对其来源、提供人、提供时间以及提取人、提取时间进行审查。能够证明案件事实且符合刑事诉讼法规定的，可以作为证据使用。

七、涉案财物的处理

（一）公安机关侦办电信网络诈骗案件，应当随案移送涉案赃款赃物，并附清单。人民检察院提起公诉时，应一并移交受理案件的人民法院，同时就涉案赃款赃物的处理提出意见。

（二）涉案银行账户或者涉案第三方支付账户内的款项，对权属明确的被害人的合法财产，应当及时返还。确因客观原因无法查实全部被害人，但有证据证明该账户系用于电信网络诈骗犯罪，且被告人无法说明款项合法来源的，根据刑法第六十四条的规定，应认定为违法所得，予以追缴。

（三）被告人已将诈骗财物用于清偿债务或者转让给他人，具有下列情形之一的，应当依法追缴：

1. 对方明知是诈骗财物而收取的；

2. 对方无偿取得诈骗财物的；

3. 对方以明显低于市场的价格取得诈骗财物的；

4. 对方取得诈骗财物系源于非法债务或者违法犯罪活动的。

他人善意取得诈骗财物的，不予追缴。

最高人民法院

最高人民检察院

公安部

2016 年 12 月 19 日

《最高人民法院、最高人民检察院关于办理侵犯公民个人信息刑事案件适用法律若干问题的解释》

（2017 年 3 月 20 日由最高人民法院审判委员会第 1712 次会议、2017 年 4 月 26 日由最高人民检察院第十二届检察委员会第 63 次会议通过，自 2017 年 6 月 1 日起施行。）

〔2017〕10 号

为依法惩治侵犯公民个人信息犯罪活动，保护公民个人信息安全和合法权益，根据《中华人民共和国刑法》《中华人民共和国刑事诉讼法》的有关规定，现就办理此类刑事案件适用法律的若干问题解释如下：

第一条 刑法第二百五十三条之一规定的“公民个人信息”，是指以电子或者其他方式记录的能够单独或者与其他信息结合识别特定自然人身份或者反映特定自然人活动情况的各种信息，包括姓名、身份证件号码、通信通讯联系方式、住址、账号密码、财产状况、行踪轨迹等。

第二条 违反法律、行政法规、部门规章有关公民个人信息保护的规定的，应当认定为刑法第二百五十三条之一规定的“违反国家有关规定”。

第三条 向特定人提供公民个人信息，以及通过信息网络或者其他途径发布公民个人信息的，应当认定为刑法第二百五十三条之一规定的“提供公民个人信息”。

未经被收集者同意，将合法收集的公民个人信息向他人提供的，属于刑法第二百五十三条之一规定的“提供公民个人信息”，但是经过处理无法识别特定个人且不能复原的除外。

第四条 违反国家有关规定，通过购买、收受、交换等方式获取公民个人信息，或者在履行职责、提供服务过程中收集公民个人信息的，属于刑法第二百五十三条之一第三款规定的“以其他方法非法获取公民个人信息”。

第五条 非法获取、出售或者提供公民个人信息，具有下列情形之一的，应当认定为刑法第二百五十三条之一规定的“情节严重”：

（一）出售或者提供行踪轨迹信息，被他人用于犯罪的；

（二）知道或者应当知道他人利用公民个人信息实施犯罪，向其出售或者提供的；

（三）非法获取、出售或者提供行踪轨迹信息、通信内容、征信信息、财产信息五十条以上的；

（四）非法获取、出售或者提供住宿信息、通信记录、健康生理信息、交易信息等其他可能影响人身、财产安全的公民个人信息五百条以上的；

（五）非法获取、出售或者提供第三项、第四项规定以外的公民个人信息五千条以上的；

（六）数量未达到第三项至第五项规定标准，但是按相应比例合计达到有关数量标准的；

（七）违法所得五千元以上的；

（八）将在履行职责或者提供服务过程中获得的公民个人信息出售或者提供给他人，数量或者数额达到第三项至第七项规定标准一半以上的；

（九）曾因侵犯公民个人信息受过刑事处罚或者二年内受过行政处罚，又非法获取、出售或者提供公民个人信息的；

（十）其他情节严重的情形。实施前款规定的行为，具有下列情形之一的，应当认定为刑法第二百五十三条之一第一款规定的“情节特别严重”：

1. 造成被害人死亡、重伤、精神失常或者被绑架等严重后果的；

2. 造成重大经济损失或者恶劣社会影响的；

3. 数量或者数额达到前款第三项至第八项规定标准十倍以上的；

4. 其他情节特别严重的情形。

第六条 为合法经营活动而非法购买、收受本解释第五条第一款第三项、第四项规定以外的公民个人信息，具有下列情形之一的，应当认定为刑法第二百五十三条之一规定的“情节严重”：

（一）利用非法购买、收受的公民个人信息获利五万元以上的；

（二）曾因侵犯公民个人信息受过刑事处罚或者二年内受过行政处罚，又非法购买、收受公民个人信息的；

（三）其他情节严重的情形。

实施前款规定的行为，将购买、收受的公民个人信息非法出售或者提供的，定罪量刑标准适用本解释第五条的规定。

第七条　单位犯刑法第二百五十三条之一规定之罪的，依照本解释规定的相应自然人犯罪的定罪量刑标准，对直接负责的主管人员和其他直接责任人员定罪处罚，并对单位判处罚金。

第八条　设立用于实施非法获取、出售或者提供公民个人信息违法犯罪活动的网站、通讯群组，情节严重的，应当依照刑法第二百八十七条之一的规定，以非法利用信息网络罪定罪处罚；同时构成侵犯公民个人信息罪的，依照侵犯公民个人信息罪定罪处罚。

第九条　网络服务提供者拒不履行法律、行政法规规定的信息网络安全管理义务，经监管部门责令采取改正措施而拒不改正，致使用户的公民个人信息泄露，造成严重后果的，应当依照刑法第二百八十六条之一的规定，以拒不履行信息网络安全管理义务罪定罪处罚。

第十条　实施侵犯公民个人信息犯罪，不属于“情节特别严重”，行为人系初犯，全部退赃，并确有悔罪表现的，可以认定为情节轻微，不起诉或者免予刑事处罚；确有必要判处刑罚的，应当从宽处罚。

第十一条　非法获取公民个人信息后又出售或者提供的，公民个人信息的条数不重复计算。

向不同单位或者个人分别出售、提供同一公民个人信息的，公民个人信息的条数累计计算。

对批量公民个人信息的条数，根据查获的数量直接认定，但是有证据证明信息不真实或者重复的除外。

第十二条 对于侵犯公民个人信息犯罪，应当综合考虑犯罪的危害程度、犯罪的违法所得数额以及被告人的前科情况、认罪悔罪态度等，依法判处罚金。罚金数额一般在违法所得的一倍以上五倍以下。

第十三条 本解释自 2017 年 6 月 1 日起施行。

最高人民法院

最高人民检察院

2017 年 5 月 8 日

《中华人民共和国网络安全法》（节选）

（2016年11月7日第十二届全国人民代表大会常务委员会第二十四次会议通过）

第四章　网络信息安全

第四十三条　个人发现网络运营者违反法律、行政法规的规定或者双方的约定收集、使用其个人信息的，有权要求网络运营者删除其个人信息；发现网络运营者收集、存储的其个人信息有错误的，有权要求网络运营者予以更正。网络运营者应当采取措施予以删除或者更正。

第四十四条　任何个人和组织不得窃取或者以其他非法方式获取个人信息，不得非法出售或者非法向他人提供个人信息。

第四十六条　任何个人和组织应当对其使用网络的行为负责，不得设立用于实施诈骗，传授犯罪方法，制作或者销售违禁物品、管制物品等违法犯罪活动的网站、通讯群组，不得利用网络发布涉及实施诈骗，制作或者销售违禁物品、管制物品以及其他违法犯罪活动的信息。

第六章　法律责任

第六十四条　网络运营者、网络产品或者服务的提供者违反本法第二十二条第三款、第四十一条至第四十三条规定，侵害个人信息依法得到保护的权利的，由有关主管部门责令改正，可以根据情节单处或者并处警告、没收违法所得、处违法所得一倍以上十倍以下罚款，没有违法所得的，处一百万元以下罚款，对直接负责的主管人员和其他直接责任人员处一万元以上十万元以下罚款；情节严重的，并可以责令暂停相关业务、停业整顿、关闭网站、吊销相关业务许可证或者吊销营业执照。

违反本法第四十四条规定，窃取或者以其他非法方式获取、非法出售或者非法向他人提供个人信息，尚不构成犯罪的，由公安机关没收违法所得，并处违法所得一倍以上十倍以下罚款，没有违法所得的，处一百万元以下罚款。

第六十七条 违反本法第四十六条规定，设立用于实施违法犯罪活动的网站、通讯群组，或者利用网络发布涉及实施违法犯罪活动的信息，尚不构成犯罪的，由公安机关处五日以下拘留，可以并处一万元以上十万元以下罚款；情节较重的，处五日以上十五日以下拘留，可以并处五万元以上五十万元以下罚款。关闭用于实施违法犯罪活动的网站、通讯群组。

单位有欠款行为的，由公安机关处十万元以上五十万元以下罚款，并对直接负责的主管人员和其他直接责任人员依照前款规定处罚。

本法自 2017 年 6 月 1 日起施行。